一行禅师・著
方怡蓉／译

佛陀之心

开启平和、喜悦与幸福之门

跟随一行禅师
去发现内心的佛陀

海南出版社
・海口・

The Heart of the Buddha's Teaching: Transforming Suffering into Peace, Joy, and Liberation
by Thich Nhat Hanh

版权合同登记号: 图字: 30-2021-072号

图书在版编目（CIP）数据

佛陀之心 / (越) 一行禅师著；方怡蓉 译. -- 海口 : 海南出版社, 2010. 11 (2025. 8 重印).
书名原文: The Heart of the Buddha's Teaching
ISBN 978-7-5443-3354-2

Ⅰ. ①佛… Ⅱ. ①一… ②方… Ⅲ. ①佛教—人生哲学—通俗读物 Ⅳ. ①B948-49

中国版本图书馆CIP数据核字(2010)第134523号

佛陀之心
FOTUO ZHIXIN

作　　者：一行禅师
译　　者：方怡蓉
责任编辑：张　雪
执行编辑：张宏伟
责任印制：郄亚喃
印刷装订：三河市祥达印刷包装有限公司
读者服务：张西贝佳
出版发行：海南出版社
总社地址：海口市金盘开发区建设三横路2号　邮编：570216
北京地址：北京市朝阳区黄厂路3号院7号楼101室
电　　话：0898-66812392　010-87336670
电子邮箱：hnbook@263.net
经　　销：全国新华书店
出版日期：2010年11月第1版　2025年8月第11次印刷
开　　本：880 mm × 1 230 mm　1/32
印　　张：9.25
字　　数：210千字
书　　号：ISBN 978-7-5443-3354-2
定　　价：36.00元

目 录

Chapter 1

第一部　四圣谛：直探佛法心要

Chapter 3

第三部　进入佛典世界的钥匙

Chapter 1

第一部
四圣谛：直探佛法心要

佛陀不否认苦的存在，但同样也不否认喜悦、快乐的存在。他教导我们如何辨识、证知苦的存在，但是也教导苦的止息。倘若苦不可能止息，修行又有何用？

第一章

心中有苦痛，才能进入佛陀之心

佛陀不是神，而是如你、我一般生而为人，且同样受苦。若我们敞开心胸，走向佛陀，他会以充满慈悲的双眼注视着我们说："因为你心中有苦，所以你就有可能进入我的心。"

维摩诘居士说："因为世界病了，所以我生病；因为人们受苦，所以我必须受苦。"[①] 佛陀也曾如此说过。别以为你不快乐、心中有苦痛，所以就不能走向佛陀；正因为你心中有痛，才有可能与佛陀沟通。你、我的苦是我们进入佛陀之心的基本条件，也是佛陀进入我们心中的基本条件。

在 45 年的弘法中，佛陀一再强调："我的教导唯有苦与苦的转化。"当我们辨识且承认自己的苦时，佛陀——我们内在的佛陀——将会看着这苦，找出导致苦的原因，然后开出一帖行动方针之药，这药能将苦转变为平静、喜悦与解脱。苦，是佛陀用以自我解脱的凭借，也是我们用以解脱自在的凭借。

苦海无边，回头是岸。你内在的苦难种子可能有很大的力

---

① 参见《维摩诘所说经·文殊师利问疾品第五》："以一切众生病，是故我病；若一切众生病灭，则我病灭。所以者何？菩萨为众生故入生死，有生死则有病；若众生得离病者，则菩萨无复病。"（《大正藏》第 14 册，第 544b 页）。

量，但别等到没有痛苦时才允许自己快乐。庭院中有棵树生病了，你必须照顾它，但也别忽略整片生机盎然的树林，即使你心中有苦，还是能享受生命中许多令人惊叹的事——美好的夕阳、儿童的微笑与繁花绿树。光是承受苦还不够，请别自囚于苦之中。

若你曾体验饥饿，就会知道享用食物是一种奇迹；若曾受冻寒之苦，就晓得温暖的可贵；若曾受过苦，就会知道如何对现在一些构成天堂的要素心存感激；倘若你陷于自身的苦，将会错过天堂。别漠视自己的苦，可也别忘记去享受生命中的奇迹，这不仅为自己，也为众生的利益。

年轻时，我写下这首诗，当时我以一颗伤痕累累的心契入佛心：

我的青春
是一颗青涩的梅子。
你在它身上留下了齿痕，
那些齿痕犹自颤动。
我永远记得，
永远记得。

自从学会如何爱你，
我的灵魂之门就一直敞开着，
任由风自四面八方吹入。
实相呼唤着变异；

觉知的果实已然成熟，
而开启的心门永不可能再紧闭。

烈火吞噬这个世纪，
山岭森林留有烈焰肆虐的印记。
风在我耳边呼啸，
穹苍正在暴风雪中剧烈震荡。

严冬的伤痕静静地躺着，
虽已不见冰封的刀刃，
却彻夜痛苦不堪，
辗转反侧，无法入眠。①

我在烽火连天的时代中成长，小孩、成人、价值观、整个国家等周遭的一切都遭到摧毁，年轻的我苦不堪言。觉知之门一旦开启，你就无法再关上。战争在心中留下的伤痕尚未完全平复，我常在夜里清醒地躺着，以正念的呼吸，拥抱着我的同胞、国家和整个地球。

没有苦，你就无法成长；没有苦，你就无法获得该有的平静与喜悦。请别逃避自己的苦，拥抱它、珍惜它，到佛陀身边，和他并肩而坐，并让他看看你的痛苦。他会满怀慈悲与正念地注视你，让你知道拥抱自身之苦与深入观照它的方法。有了智

① “The Fruit of Awareness Is Ripe”，摘自一行禅师诗集《以真名唤我》（*Call Me By My True Names*，Berkeley：Parallax Press，1993，p.59）

慧与慈悲，就能治愈心中和世界的创伤。佛陀将苦称为“圣谛”，因为我们的苦能让我们看到解脱之道。请拥抱你的苦，让它对你显示通往平静之路。

第二章

初转法轮：苦行并非唯一的正确修行

悉达多·乔达摩（Siddhartha Gautama）在29岁时出家，为自己和其他人寻求灭苦之道。他跟随许多老师学习禅定，而在修行六年后，坐于菩提树下，誓言不达觉悟绝不起身。他终夜禅坐，当晨星初升时，他豁然大悟而成为充满智慧与慈爱的佛陀。在接下来的49天中，他享受证悟所带来的安详，然后缓缓地走到鹿野苑（Sarnath），与先前共修的五位苦行者分享他的智慧。

当那五人看到佛陀前来时，都感到不自在，心想悉达多曾弃他们而去。可是他看来如此容光焕发，便不由自主地表示欢迎，他们为佛陀洗脚，并奉上饮水。佛陀说："亲爱的朋友们！我已深入地看见每件事物都必须与其他一切相互依存，没有任何事物能独自存在。我已看见一切众生都具有觉悟的本质。"他表示愿意多说一些，但那五人不知是否该相信他的话，所以佛陀问他们："我曾欺骗过你们吗？"他们知道佛陀从未如此，于是同意接受他的教导。

佛陀接着教导四圣谛：苦（苦的存在）、集（苦的产生）、灭（重获安乐的可能性）、道（通达安乐的八圣道）。听闻四圣谛之教后，五比丘之一的憍陈如（Kondañña）对此四圣谛生起清净无垢的法眼[①]。佛陀观察到这一点而赞叹："憍陈如已了知法！憍陈如已了知法！"于是，从此以后憍陈如就被称为"了知者"[②]。

佛陀接着宣布：

> 亲爱的朋友们！我以人、天、婆罗门、沙门、魔罗[③]为证而对你们说：若我不曾亲身体证对你们所说的一切，就不能宣称自己是离苦解脱的觉悟者。因我本身已确认苦、了知苦，确认苦的起因，去除苦因，证实安乐的存在，获得安乐，确认通达安乐之道，抵达此道的尽头，证得全然的解脱，所以我现在诏告大众：我是解脱者。

此时，大地震动，宇宙间一切天、人与其他众生都异口同声地说，在地球上有个觉悟者诞生了，并已转动智慧与慈爱之道的法轮。这段教示记载于《转法轮经》（*Dhamma Cakka Pavattana Sutta*）[④]，从那时起，至今已过了两千六百年，法轮仍

---

① （dhamma-cakkhu）是指"有关法（缘起道理）的智慧之眼"，生起法眼即能充分理解四谛或缘起法，而证悟得初果（须陀洹）。

② 即一般所称的"阿若憍陈如"（Aññāta Kondañña）——憍陈如是已知法的人。"阿若"（Aññāta）意指"了知"、"已知"。

③ 参见本书第 18 页注①。

④ 《相应部》第5册〈大品・谛相应〉，第420页，巴利圣典协会版（*Samyutta Nikaya* V，420）；全文参见本书第四部第一经。另见《佛说转法轮经》与《佛说三转法轮经》（《大正藏》第 109 经及 110 经）。"经"（梵文 sutra，巴利语 sutta），意指佛陀或其证悟弟子所说之法。

持续转动，为了众生福祉而让法轮常转，就要靠我们现在这一代了。

这部经有三项特点，其中第一点是有关“中道”的教法。佛陀希望他的五个朋友能够摆脱“苦行是唯一的正确修行”这种观念的束缚；若毁了健康，就无足够的力量可以证道——这是他直接的体会。此外，他说另一个需要避免的极端，是沉溺于感官欲乐——被色欲掌控，追逐名利，饮食无度，睡眠过度，或汲汲营营于财物的蓄积。

第二点是有关“四圣谛”的教法。这项教说不但在佛世时很有价值，在这个时代与未来千秋万世也是如此。

第三点是关于入世。佛陀的教法并非要逃避人生，而是要帮助我们尽可能彻底地和自己、世间联系起来。八圣道包括正语（正确的语言）和正命（正确的谋生方式），这些教法适用于必须与人沟通与赚钱谋生的世人。

《转法轮经》充满了喜悦与希望，它教导我们如实地辨识苦，以及将苦转化为正念、慈悲、安详与解脱。

第三章

四圣谛：拥抱、深观并转化痛苦

体证完全、圆满的觉悟(samyak sambodhi，正等正觉)后，佛陀必须找到适当的言词来分享他的洞见；他已经有了水，但得找到像四圣谛、八圣道这样的水罐盛水。四圣谛是佛陀教法的精华，佛陀持续宣说这些真理，直到大般涅槃(mahaparinirvana)[①]为止。

“四妙谛”或“四圣谛”是Four Noble Truths的中译。若我们拥抱、深观自己的苦，苦就是神圣崇高的，否则它毫不神圣，我们只会淹没在自己的苦海中。针对“truth”一字，中国人使用“言”、“帝”两字组成的“谛”——任何人都不能与帝王之言争辩。这四谛不是用来争辩，而是用来修行及体证的。

第一圣谛是苦(dukkha)。“苦”这个字的中文本义是“苦涩”；快乐是甜蜜的，痛苦是苦涩的。每个人都承受某种程度的苦，我们的身、心多少都会不舒服。我们必须辨识、承认苦的存在，必须接触苦，要做到这点，我们可能需要老师与修行上的善友(僧团)提供帮助。

① “大般涅槃”的意思是大入灭息、大灭度或大圆寂，意指佛陀度世已毕，最后达到伟大的安息状态。

第二圣谛是苦之集（samudaya），亦即苦的起因、根源、本质、产生或生起。接触自身的苦之后，我们需要深观苦，以看清苦如何形成，我们需要辨识与确认所摄取的、会导致自己受苦的心灵或物质的食物。

第三圣谛是止息（nirodha）苦的产生，凭借的方法是避免做出让自己受苦的行为。这真是好消息！佛陀不否认苦的存在，但同样也不否认喜悦、快乐的存在。要是你以为佛教说“一切皆苦，对此我们束手无策”，那正违背了佛陀的本意。他教导我们如何辨识、证知苦的存在，但是也教导苦的止息。倘若苦不可能止息，修行又有何用？第三圣谛说的即是疗愈的可能性。

第四圣谛是道（marga），它让我们避免做出让自己受苦的行为，这是我们最需要的道路，佛陀称之为“八圣道”，中国人译为“八正道”——正见、正思维、正语、正业、正命、正精进、正念及正定[①]。

---

① “正”（巴利语 samma；梵文 samyak），此字在原语中是副词，意为“正确地”、“正直地”、“端正地”，不弯曲歪斜。以正念为例，那表示有正确、端正与有益的摄念之道，而邪念是指有错误、扭曲与无益的修行之道。我们进入八正道，学习有益的修行之道，也就是“正确地”修行道。“正”、“邪”并非道德评断，也不是外来强加的专制标准，我们透过自身的觉知，发现何者是“正”（有益的）或“邪”（无益的）。

【图一】四圣谛与八圣道

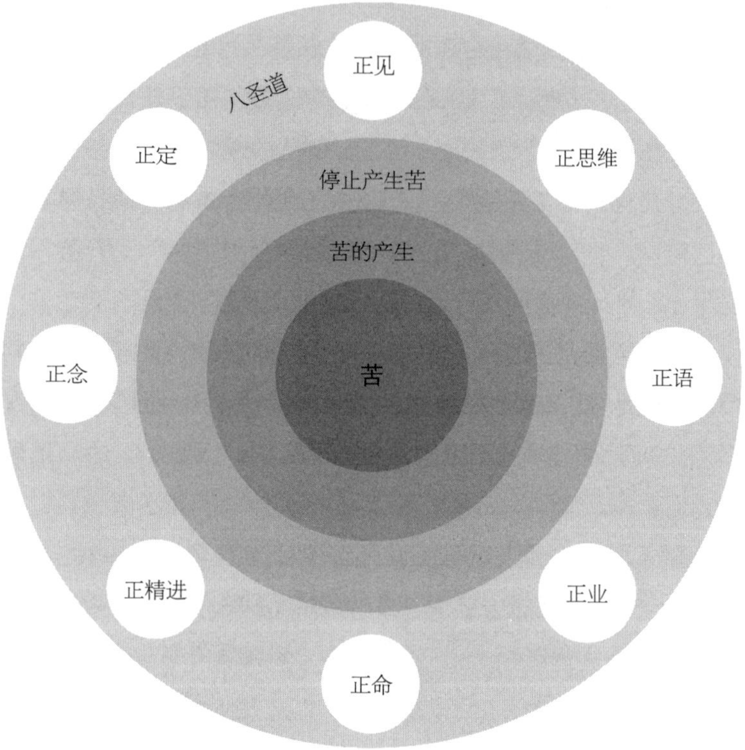

第四章

老师无法将真理交给你，真理已在你心中

敞开心胸，接纳法雨

听闻佛法开示或研读经典时，我们唯一要做的是维持开放的态度。通常听到或读到新观点时，我们只是拿它与自己的观念相比较，若相同就接受，并说它是正确的，反之则是错误的，无论是哪种情况，我们都学不到东西。若以一颗开放的心阅读或听闻，法雨将会渗入我们的心田中[①]。

蒙蒙春雨渗透我性灵的土壤，
经年深埋于土的种子在微笑。[②]

① 根据佛教心理学，我们的心识共分为八部分，包括意识（manovijñana）与藏识（alayavijñana，阿赖耶识）。藏识被描述为可含藏各类种子的田地，无论是痛苦、悲伤、恐惧、愤怒或快乐、希望的种子。当这些种子发芽时，就显现在意识中，此时它们变得更有力量。参见第三部第九章【图四】。

② 摘自 Thich Nhat Hanh, "Cuckoo Telephone," *Call Me By My True Names*, p.176。

阅读或听闻时切勿用力过度，要效法大地，在下雨时，它只是敞开心胸接纳雨水。让法雨进入、渗透深埋在你心识中的种子吧！老师无法将真理交给你，真理已在你心中，你只需自我开放，敞开身、心、灵，使老师的教导渗透你了知与觉悟的种子。允许那些语词进入你的心中，土壤与种子自然会完成接下来的工作。

辨识真正的佛法

佛陀教法的传承可分为三条支流——原始佛教、部派佛教及大乘佛教。原始佛教包含佛陀在世时的所有教示。佛陀大般涅槃后一百四十年，僧团分裂为二，一是大众部（Mahasanghika，字义是“多数”，意指希望改革者），一是上座部（Sthaviravada，字义是“长老派”，意指反对大众部所提倡之改革的人）。又过了一百年，上座部分裂为两个分支——说一切有部（Sarvastivada，“宣称一切存在的学派”）与分别说部（Vibhajyavada，“区辨分别的学派”）。阿育王（King Ashoka）所支持的分别说部盛行于恒河河谷，而说一切有部则北行至克什米尔（Kashmir）。

从佛陀在世到入灭后四百年间，其教法只凭口传；在此之后，分别说部的分支之一，亦即斯里兰卡赤铜鍱部（Tamrashatiya，“身着红棕色僧袍者”）的比丘开始考虑将佛经写在贝叶上，而这项工作又过了一百年才展开。据说此时只有一位比丘记得所有的圣典，而他不免有些自负，其他比丘得好言相劝，请他诵出经典，他们才能加以书写记录。听到这里，我们可能会感到些许不安，因为我们知道一个自负的比丘或许并非传承佛陀教法的最佳媒介。

即使在佛世时，也有像阿梨吒（Arittha）比丘之类的人曲解、误传佛法[①]。另外，历经几世纪以来，记诵经典的比丘中，显然有人忘记或更动了某些字句，或甚至不了解佛典的究竟深意。结果是，佛陀的教法中有些早在有文字记载之前就被扭曲了。例如，在圆满证悟前，佛陀尝试过种种不同的方法压抑自己的心，但徒劳无功。他曾在某部经中叙述如下：

> 我心想，我何不咬紧牙关，舌抵上颚，以心抑止心呢？接着，如同斗士抓着气小力弱对手的头或肩膀，为求支配、控制对方，必须不断地将他压制在地，一刻也不能松手。我亦如是咬紧牙关，舌抵上颚，以心抑止心。此时，我满身大汗，虽然气力不虞匮乏，虽然维持正念，不失正念，但我身、心不安定；如此精进让我疲惫不堪，但是色身的苦受无法制伏我心[②]。

佛陀显然在告诉我们别以这种方式修行，但这段经文后来

---

① 《中阿含·阿梨吒经》（*Arittha Sutta*），相当于《蛇喻经》（*Discourse on the Example of a Snake*，《中部》第22经）。参见 Thich Nhat Hanh，*Thundering Silence：Sutra on Knowing the Better Way to Catch a Snake*（Berkeley：Parallax Press，1993），p.47-49。

② 《萨迦大经》（*Mahasaccaka Sutta*，《中部》第36经）。

被插入其他经典中，所表达的意义却完全相反：

> 正如斗士抓着气小力弱对手的头或肩膀，支配、控制对方，不断地将他压制在地，一刻也不松手。禅修以停止贪、嗔等不善念头的比丘亦复如是，当这些念头不断生起时，必须咬紧牙关，舌抵上颚，尽全力以己心制服、战胜己心。[①]

佛法的误植，并非仅此一例，十二缘起的教法即是另一个例证(详见第三部第十一章)。为了解释生死轮回，十二缘起之说被植入许多原本不该出现此说的经典——其实这些经典是关于生死的超越，而非生死的流转。十二缘起说窜入《迦旃延经》(*Katyayanagotra Sutra*)，亦即《中道经》(*Discourse on the Middle Way*)。

我们往往需要研读一些经典并相互对照，以了解何者为真正的佛法，就如串起珍贵的珠宝制成项链，倘若我们能以佛法整体观点看待每部经，就不会执著于任何一种教法。比较研究并深入观察经典的意义，我们就能推断何者是有助修行的可靠教法，或何者是可能有误传之虞的教法。

当佛经在斯里兰卡以巴利语书写记录时，佛教中共有十八或二十个部派，每个部派都有自己的佛法校定本。这些部派并未分

---

① 《想念止息经》(*Vitakka Santhana Sutta*,《中部》第 20 经)。同一段经文也被插入于说一切有部所传的佛陀对正念的教示——《中阿含·念处经》(《大正藏》册 1，第 26 经)。

裂佛法，而是犹如同一件衣服中的几条纱线，其中有些校定本留存至今，巴利藏经包含源于赤铜鍱部的校定本，汉传和藏传藏经则包含其他若干部派的校定本，尤以说一切有部为要。赤铜鍱部和说一切有部的藏经，几乎同时以文字书写记录下来，前者以巴利语书写，后者则使用梵文，其他部派则以其他印度语和普拉克里特语（Prakrit）[①] 记录成文。在斯里兰卡以巴利语纪录的经典称为“南传”（又称“大寺派传承”Mahaviharavasin tradition）；说一切有部的经典称为“北传”，只以梵文断简残篇存世，所幸北传经典有汉译与藏译，这些译本有很多流传至今。我们必须谨记，佛陀本身并不说巴利语、梵语或普拉克里特语，根据推测，他当时使用的语言近似巴利语，也有人认为那是“半摩揭陀语”（Ardhamagadhi），不过并没有以佛陀自己母语所记录的佛经。

借由比对巴利与汉传藏经中的对应经典，可看出哪一些教法在佛教部派分裂之前就已出现。当两种版本的藏经有相同经典时，我们可推断在分裂前这些经典的内容必定早已存在；而版本有所不同时，则可推测其中之一，甚或两者都可能是不正确的。某些经典北传保存得较为完善；而其他一些经典，则是南传保存得较为良好。这是有两种传承可互相比较的好处。

佛法的第三条支流“大乘佛教”，兴起于公元前 1 或 2 世纪[②]。部派佛教时期，有些比丘开始过着遗世独立的生活，而在家居士只关心供养、护持出家众。因此，当时在佛教僧、俗二

① 普拉克里特语（Prakrit）是巴利语所属的“中期印度亚利安语”的总称，这是与古典梵语相对的语言，是没有人为规定的自然语、俗语、民众语。

② 参见 Thich Nhat Hanh, *Cultivating the Mind of Love: The Practice of Looking Deeply in the Mahayana Buddhist Tradition*（Berkeley：Parallax Press, 1996）。

众之中，兴起普及佛教的想法，进而促使大乘思想萌芽。这个运动旨在深入佛教思想的根源，恢复菩提心（慈爱之心）的巨大能量，也让佛教重新入世——此即佛教大乘化运动。

这三条支流彼此互补。原始佛教不可能记下佛陀所有的教导，因此有必要由部派佛教与大乘佛教来补足久被遗忘或忽略的教法。如同所有传统，佛教也需要定期自我更新，才能存续与成长，佛陀总是能找到表达他觉悟内容的新方法。从佛世以来，佛教徒们也一直开发新的法门，向众生传播、分享肇始于鹿野苑的佛法。

教法如同指月之指

请记得：一部经典或一场佛法开示，并不等同对“法”的洞见，或是“法”本身，它只是运用语言文字与概念来呈现洞见的一种媒介。当你使用地图前往巴黎时，一旦到达目的地，地图就可弃而不用，开始好好地享受身在巴黎的乐趣。若将所有时间都花在手中的地图，若陷入佛陀表达的语言文字与概念，你会错过实相。佛陀曾多次表示：“我的教法如同指月之指，别执指为月。”

在大乘佛教传统中有此一说：“依文解义，三世佛冤；离经一字，还同魔[①]说。”[②]经典是修行不可或缺的指南，但我们必须谨慎阅读，运用自己的智慧并借助于老师和僧团，以了解经典

① “魔”（Mara），象征障碍修行的种种内在因素，是每个人内在佛性的反面。

② 引自《续灯正统》第11卷（《万续藏》第84册，第473a页）。

真正的含意，并将之付诸修行。阅读经典或任何宗教典籍后，我们应该会觉得更轻松，而不是更沉重。佛教的教导原本就是为了唤醒我们真正的自我，而非仅为了充实知识的宝藏。

佛陀有时会拒绝回答人们所提出的问题。哲学家婆嗟种（Vatsigotra）曾请教佛陀："有'我'吗？"而佛陀一语不发。婆嗟种继续追问："那么你的意思是没有'我'吗？"但佛陀依旧默然。最后，婆嗟种离开了。佛陀的侍者阿难觉得困惑："世尊！您常教导'无我'，为何刚才不如此回答婆嗟种的问题呢？"佛陀告诉阿难，他不回答是因为婆嗟种所追求的是一套理论，而非去除障碍的方法[①]。另外，有次佛陀听见一群弟子正在讨论他是否说过某些内容，他就告诉他们："四十五年来，我未曾说过一个字。"他不希望弟子陷入语言文字或概念中，即便是他自己所说的话或概念也是如此。

当考古学家发现一尊破损的雕像时，会邀集擅长修复的雕塑家共同研究那个时期的艺术，然后再进行修补，我们也必须如此做。倘若我们想要对佛陀的教导有全面性的了解，那么在某部分遗失或有所增补时，就必须加以辨识，并补救受损之处。

① 《相应部》(*Samyutta Nikaya*),XIV,10(译按：原书所引出处有误，应为《相应部》第 4 册〈六处品・无记说相应〉，巴利圣典协会版 *Samyutta Nikaya*，IV，400)。

第五章

一切皆苦吗？佛陀并未教导“三苦”

佛陀并未教导“三苦”

若不注意自己的修行方式，很可能会将老师的话变成一种教条或意识形态。自从佛陀说第一圣谛是“苦”以来，许多优秀的佛弟子运用其善巧以证明地球上的一切皆苦，“三苦”之说就是其中一种尝试，但那并非佛陀的教法。

第一种苦是“苦苦”（dukkha dukkhata），即与苦受相关的苦，例如牙疼、发脾气，或在某个冬日感到酷寒等。第二种是“行苦”（samskara dukkhata，聚合之物的苦），任何聚合而成之物终将坏散，因此所有合成物都称为“苦”，甚至像山川日月这些尚未衰败的事物也是苦，因为它们最后都会坏灭而造成苦。当你相信一切聚合物皆是苦时，你怎么可能找到喜悦？第三种是“坏苦”（viparinama dukkhata，与变化有关的苦），今天我们的肝脏可能很健康，可是一旦年纪大了，它就可能让我们受苦。欢庆喜悦并无意义，因为喜悦早晚会变成痛苦。苦，是笼罩一切的乌云；喜悦不过是假象，唯有苦才是真实的。

两千多年以来，佛弟子一再宣称，佛陀教导一切感知的对象都是苦，包括所有物理现象（桌子、太阳、月亮）、生理现象，以及所有善、不善、非善非不善的心理状态。佛陀逝世后一百年，修行者已在复诵以下的偈语了：“此是苦，生命是苦，一切皆苦。”他们认为，要获得第一圣谛的洞见就得重复此偈语。根据一些注释者所说，假如不经常复诵，就无法证得四圣谛。[①]

当今有很多人机械式地称念佛号或做类似的修行，这些人深陷于形式、语言文字与概念中，而未运用自己的智慧来接受及修习佛法。不用智慧，也没有老师与道友让你明白正确的修行之道，这样的修行会很危险。复诵“生命是苦”这类的语句，可能有助你注意到自己即将对某事产生执著，但无益于了解苦的真正本质，也无法揭示佛陀为我们所指出的道路。

以下这段对话重复出现在许多经典中：

“诸比丘！有为法（依赖种种条件而存在的事物）是常，还是无常？”

“世尊！有为法是无常。”

“若事物是无常，那么它们是苦，还是乐？”

“世尊！是苦。”

“若事物是苦，我们能否说它们是‘我’或‘我所有’？”

“不能，世尊。”

① 《杂阿含经》第 262 经。

当我们读到这段经文时，可能会认为佛陀提出过“诸法皆苦”，而我们必须在自己日常生活中去证实它。然而，同样在这些经典的其他部分，佛陀则说他只要我们在苦现起时辨认它，未现起时则辨认乐。到了佛陀的开示以文字书写记录时，视一切为苦的修行必然已相当普遍，因为以上所引的经文，比知苦与知灭苦之道的教法更为常见。

“三法印”是指无常、无我、涅槃

“无常故苦，苦故无我”的论证是不合逻辑的。当然，倘若相信某件事物是“常”或有“我”，一旦发现它是无常且无独立的自我时，我们可能会受苦。但在很多经典中，视苦、无常、无我为“三法印”，据说佛陀的一切教法都具有“三法印”。将苦和无常、无我放在同一层次，这是个错误；无常和无我“放诸四海皆准”，两者是一切事物的“标志”（mark）[①]，但苦不是。我们不难看出桌子是无常的，而且并没有一个独立于所有其他非桌子要素（例如木材、雨水、阳光、家具制造商等）的自我，但桌子是苦吗？只有当我们将恒常或独立的特性强加于桌子时，桌子才会让我们受苦。当我们执著于某张特定的桌子时，使我们受苦的不是那张桌子，而是我们的执著。我们承认愤怒是无常的，也承认无独立的自我，且充满苦，但要说一张桌子或一

① “三法印”有时英译为The Three Marks of Existence，意即“三个存在的标志”，因为这三者出现在一切存在的事物中。

朵花充满苦则很奇怪。佛陀教导无常、无我，是为了帮助我们别被事相所束缚。

“三苦”的理论是为了证明苦的普遍性所作的一种尝试，那么生命中还留下什么喜悦呢？我们在涅槃中发现了它。佛陀在若干经典中说，涅槃（看法与概念完全泯灭的喜悦）才是“三法印”之一，而不是“苦”。这在北传的《杂阿含经》（*Samyukta Agama*）中出现四次[①]，龙树也援引另一部经为证，将涅槃列为“三法印”之一[②]。对我而言，设想一种完全没有因概念而产生障碍的情况，远比看待一切皆苦来得容易。我希望学者和修行者都能开始接受一切事物皆以无常、无我、涅槃为特征的教法，别殚精竭虑地想证实一切皆苦。

以正确的名称指出苦因

另一个对佛法的常见误解是，我们所受的一切苦都是由贪爱造成的。在《转法轮经》中，佛陀的确说过贪爱是苦因，但他如此说是因为贪爱列于诸烦恼之首。若我们运用智慧，就能看出贪爱可以是一个苦因，但如嗔怒、无明、疑、慢、邪见等其他烦恼也都可能导致苦。无明引发错误的认知，我们的苦绝大部分来自于它。

① 《杂阿含经》第262经（《大正藏》，第99经）。

② 《大智度论》（*MahaprajJaparamita Shastra*）。参见Étienne Lamotte, Le Traité de La Grande Vertu de Sagesse（Louvain, Belgium：Institut Orientaliste, 1949）。

为了方便记诵而缩短经典篇幅，一连串术语中的第一项通常被用来代表整个序列，例如在许多经典中，以“眼”代表六根[①]，以“色”代表整个五蕴（skandhas）[②]。如果我们练习辨别自己的苦因，就会看到苦有时是因为贪爱，有时是由于其他因素而起，说“生命是苦”过于笼统，说贪爱是导致一切苦的原因又未免过于简化。我们应该说“这种苦的根源是某种烦恼”，然后以正确的名称指出它，例如胃痛就称之为“胃痛”，头痛就说是“头痛”。除此之外，我们还能如何发现自己的苦因与自我治疗的方法呢？佛陀的确教导苦谛，但他也教导“现法乐住”（drishta dharma sukha viharin，快乐地安住于事物的实相）的真理[③]。修行要有成就，我们就必须停止证明“一切皆苦”的企图，事实上，我们更必须停止试图证明任何事。如果我们能以正念触及苦谛，即能辨认自己的苦、苦的特别成因，以及去除苦因与止息苦的方法。

---

① 六根包括眼、耳、鼻、舌、身、意。

② 五蕴是构成一个人的要素，亦即色、受、想、行、识。参见第三部第七章。

③《相应部》第五册〈大品·入出息相应〉，第326页，巴利圣典协会版（*Samyutta Nikaya* V, 326），及其他多处。

第六章

停止习气、平静身心、获得疗愈

佛教的禅修包括“止”（shamatha）与“观”（vipashyana）两个方面。我们往往倾向强调“观”（“深入观察”）的重要，因为它能带来洞见，并让我们解脱苦与烦恼。然而，修“止”（“停止”）是基础，倘若不能停止，就无法拥有洞见。

正念分明，停止习气

禅门中有个关于某个人和一匹马的故事：有个骑士骑着马急驰而过，似乎正赶往某个重要之地。有个路人朝着骑士大叫：“你要去哪里?”骑士回答：“我不知道，你问我座下的马吧!”这个故事正是我们的写照：我们正骑着马，不知要到哪里去，却也无法停止。这匹马就是我们的习气，正拉着我们到处跑，而我们毫无招架之力。我们总是在奔跑，这已变成了一种习惯，我们始终在挣扎，即使在睡梦中也不例外。我们与自己的内在交战，跟别人之间的战火也可能一触即发。

我们必须学习“停止”的艺术，即停止自己的思考、习气、失念，以及主宰自己的强烈情绪。当某种情绪如暴风雨般来袭时，我们就失去了宁静。我们打开电视，然后又关掉它，拾起书本，然后又放下。我们要如何才能停止这种躁动的状态？要如何才能停止自己的恐惧、绝望、愤怒与贪爱？我们可凭借正念地呼吸、步行、微笑以及深入观察而停止下来，以求了解。当我们正念分明，并深深触及当下此刻时，其结果总是了解、接纳、爱，以及拔苦予乐的渴望。

然而，习气的力量往往比意志力还强。我们总是说了本来不想说的话，做了本来不想做的事，而在事后懊悔不已。我们使自己与他人受苦，造成很大的伤害。我们或许发誓永不再犯，却又故态复萌。为什么？这都是因为习气的推动。

我们需要借助正念的力量来辨识自己的习气，并与之同在，以期能停止这毁灭的进程。有了正念，每当习气显现时，我们就有能力辨识出它："嗨！我的习气，我知道你在那里。"若我们微笑以对，它就会失去大半的力量。正念是一股帮助我们辨识习气，并防止它掌控自己的能量。

"失念"则正好相反。我们在喝茶，却浑然不觉自己正在喝茶；坐在挚爱者的身边，却不知对方的存在；走路，却未真正在走路。我们魂不守舍，想着过去与未来。习气这匹马正拖着我们到处走，我们成为自己习气的俘虏，我们必须把马停下来，重拾我们的自由。我们必须将正念之光普照在自己所做的每件事上，那么失念的黑暗将会消失无踪。"止"的第一项功能就是"停止"。

学习平息情绪的艺术

“止”的第二项功能是“平静”。当我们有强烈的情绪时，自己知道此时采取行动可能会很危险，但又无足够的力量或清晰的心智来阻止它。我们得学习吸气、呼气、停止活动，以及平息情绪的艺术，我们必须学得像橡树般坚定与稳固，别被暴风雨吹得东倒西歪。佛陀曾教导许多技巧来帮助我们平静身、心，并深入观察。这方面的教导可总结为五个阶段：

（一）辨识——若我们生气，就说：“我知道自己内在有愤怒。”

（二）接纳——当我们生气时，不要否认它，而是接受现在的一切。

（三）拥抱——我们以双臂拥抱愤怒，如同慈母抱着啼哭的婴儿。以正念拥抱自己的情绪，光是如此就能让自己与愤怒平静下来。

（四）深入观察——当我们有足够的平静时，就能深入观察，以了解造成这股怒气的原因何在，是什么造成怀中婴儿的不安。

（五）洞见——深入观察的成果，就是了解导致我们的婴儿哭泣，亦即造成我们愤怒的许多主因和助缘。也许是小宝宝饿了，也许是固定尿布的别针扎到了皮肤。当朋友以刻薄的言词引爆我们的怒气，而我们突然想起对方何以会情绪不佳，因为他的父亲病危了。就是如此反省，直到洞见造成自己的苦因是什么。有了洞见，就会知道什么该做或不该做，如此就能改变情况。

让身、心休息而获得疗愈

平静之后，“止”的第三项功能是“休息”。假设有人站在河边把小圆石抛到空中而落入河里，小石头毫不费力地慢慢沉入河床。一旦到达河底，它继续休息，任由河水来去。我们修习坐禅时，也可让自己像小石头般休息着，自然且毫不费力地沉入盘坐的姿势中休息。我们必须学习“休息”的艺术，让自己的身、心休息。身、心若有创伤，休息好，才能让伤口自动愈合。

平静让我们得到休息，而休息是痊愈的先决条件。当森林中的动物受伤时，会找个地方躺下，彻底地休息好几天。它们不会想要进食，也不会想着其他任何东西，只是休息，就能得到自己所需要的治疗。然而，人类生病时就只会忧虑！我们到处寻医问药，却不停下脚步；即使到海边或山林中度假，我们也不得休息，结果返家时比去之前更加疲惫。

我们得学习休息，躺下并非唯一的休息姿势，坐禅或行禅时都能好好休息。禅修不是非得要辛勤劳苦不可，只要允许你的身、心如森林中的动物般休息，别过度费力，也没有必要一定要达到任何成就。我正在写一本书，但我并未费力，反而同时在休息，请你也用喜悦与闲适的方式来阅读。佛陀说：“我教授的佛法是非修行的修行。”[①] 请以一种不会使自己精疲力竭的方式来修行，让身体、情绪、心识有机会休息。若能得到休息，身、心便有能力自行痊愈。

停止、平静及休息这三者，是疗愈的先决条件。若我们无法停止，毁灭的进程就会持续。世界需要疗愈，个人、社群和国家同样也需要疗愈。

① 《四十二章经》(《大正藏》第789经。译按：应为第784经。此段汉译经文为：“吾法……修无修修。”引自蕅益大师所著的《四十二章经解》。)

第七章

修习正念，认清导致苦、乐的“食物”

四圣谛的三转十二行相

在巴利本的《转法轮经》中，佛陀告诉五比丘：

只要我尚未证得四圣谛三转十二行相[1]的如实知见，在天、魔、梵天、沙门、婆罗门与人的世界中，我就不能宣称有人已证得无上的正觉。诸比丘！只要证得四圣谛三转十二行相的如实知见，在天、魔、梵天、沙门、婆罗门与人的世界中，我就可以宣称有人已证得无上的正觉。

在汉译《佛说三转法轮经》中，佛陀说：

汝等苾刍，由我于此四圣谛法解了三转十二相故，

① 佛陀转四谛法轮时，每一圣谛都依三个项度解说（即示转、劝转与证转），每一转各具四种行相，合起来共有十二行相，故称“三转十二行相”。

眼、智、明、觉皆悉得生，乃于诸天、魔、梵、沙门、婆罗门、一切世间，舍离烦恼，心得解脱，便能证得无上菩提。[①]

四圣谛中每一谛各转三次，佛陀共转了十二次法轮。要了解四圣谛——不仅用理智，且更要亲身体验，我们就必须修习十二转法轮。

第一转称为“示转”（辨识）。我们察觉到有些事不太对劲，却又无法确切指出，于是我们努力逃避，但又逃避不了。我们试图否认苦，苦却挥之不去。佛陀说，受苦而不自知，这比骡子背负着无法想象的重担还更痛苦。因此，我们首先必须意识到自己正在受苦，然后确定它的根源是物理的、生理的或心理的。我们需要先确认苦。

辨识、确认自己的苦就如同医生诊断疾病，医生说：“我压这里，会痛吗？”我们回答：“会，这就是我的苦，就是在我身上已产生的苦。”心的创伤成为我们禅修的对象，我们让医生、佛陀看到伤口，就表示也让我们自己看到它。我们的苦就是自己，所以需要以和善与非暴力来对待它。我们要拥抱自己的恐惧、愤恨、苦恼与怒气：“我亲爱的苦，我知道你的存在。我为了你而出现在这里，我会照顾你。”我们停止逃离自己的苦，而用所有的勇气与温柔来辨识、承认、确认它。

第二转称为“劝转”（鼓励）。在辨识、确认自己的苦之后，

① 《大正藏》第 2 册，第 504b 页。

为了了解其真实本质，即它的成因，我们需要花时间好好地深入观察它。医生在观察过我们的症状后会说：“我要深入检查，才能了解这种病。”医生可能要花一周时间做些检验，并询问我们的饮食、生活态度和作息等，他决心了解我们的病。

【表一】十二转法轮

四圣谛	三转十二行相
苦	示转：此是苦 劝转：应了解苦 证转：已了解苦
苦的生起	示转：有导致苦的非圣法存在 劝转：应了解此非圣法 证转：已了解此非圣法
苦的灭尽(安乐)	示转：安乐可能出现 劝转：应获得安乐 证转：已获得安乐
安乐如何生起	示转：有导致安乐的圣道存在 劝转：应修行此圣道 证转：已修行此圣道

我们需要了解自己沮丧、疾病、恶劣关系或恐惧的苦，且像医生般下决心去了解它们。我们练习坐禅与行禅，也向朋友、老师（若有的话）寻求指引与支持。当我们这么做时，就会明了自己受苦的原因是可知的，且会竭尽所能地追究其根本原因。在这个阶段，我们的修行仍然会“退转”（ashrava，有漏①）。

法轮的第三转是“证转”（证悟），也可描述为“已了解此苦”。我们实现始于第二转的努力，即医生告诉我们病名和这种病的所有特征。在研究、思维及修行第一圣谛之后，我们了悟自己已不再逃避苦，此时能以特定的名字指称它，并确认它的一切特征。光是这点，就能带给我们“不退转”（anashrava，无漏②）的喜悦。

成功地诊断自己的疾病后，有段时间我们依然会持续制造痛苦，透过言语、思想、行为在火上加油，且通常未意识到自己的作为。第二圣谛的初转法轮是“示转”：我正持续制造苦。佛陀说：“当事物已生起，我们必须了知它的存在，并深入观察它的本质。当我们深观时，就会发现是何种食物帮助它成形，且继续不断地滋养它。”③佛陀接着详述四种导致苦、乐的食物，

---

① 是指“有”的烦恼，指投生欲界、色界、无色界三有的因。

② “无漏”是指断除一切有漏，即阿罗汉的境界。

③《相应部》第2册〈因缘品·因缘相应〉，第47页，巴利圣典协会版 *Samyutta Nikaya*，II，47）。译按：原经文为：“世尊！人以真实智慧如实见此已生……人以真实智慧如实见此因如是食而生。以真实智慧如此见‘此’因如是食而生后，此人就已踏上通往厌离、离欲、灭尽因食而生的道路。”其实此经主要是佛陀出题，舍利弗回答。但因其回答获得佛陀认可，故此处归为佛说，亦无不可。另见本书第四部《正见经》。

即粗搏食(可食用的食物)、触食(感官印象)、思食(意志)和识食(意识)。

正念地饮食

第一种食是粗搏食。饮食可能导致身、心的痛苦，我们必须有能力区别何者对健康是有益或有害的，在采购、烹调及饮食时，都需要修习正见。佛陀举出以下这则譬喻：一对年轻夫妇带着两岁大的儿子试图穿越沙漠，但他们的粮食都吃光了。经过深思后，这对父母了解到，为了生存必须杀了儿子，吃他的肉。他们计算若每天吃一点，并把其余部分扛在肩上风干，就能撑到终点。但每吃一口儿子的肉，他们就泪流不止。说完故事后，佛陀问道："亲爱的朋友们！你们认为这对年轻男女很乐意吃自己儿子的肉吗?""不，世尊，他们不可能乐意吃儿子的肉。"佛陀接着说："然而，许多人正吃着自己父母、儿孙的肉而浑然不觉。"①

我们大半的痛苦来自未能正念地饮食，因此必须学习保持身心健康安乐的饮食法。当我们抽烟、饮酒或吸毒时，就是在吃自己的肺、肝和心。如果你有子女却还如此做，就等于是在吃子女的肉。孩子希望我们健康且强壮。

---

① 《杂阿含经》第373经(《子肉经》,《大正藏》第2册，第99经，第102b页)。另见《相应部》第2册〈因缘品·因缘相应〉，第97页，巴利圣典协会版(*Samyutta Nikaya*，II，97)。

我们必须深入观察，看清食物如何养成，我们的饮食法才能维持整体的安乐，将我们与其他生物的痛苦降到最低，并让地球继续作为大家生命的源泉。倘若因为我们吃东西而毁灭了生物或环境，我们就是在吃自己儿女的肉。我们需要共同深入地观察，一起讨论如何饮食，该吃或不该吃什么，那将会是真正的法义探讨。

以佛眼观看，不受六尘的毒害

第二种食是触食。我们的眼、耳、鼻、舌、身、意六根，不断地接触感官对象（六尘），这些接触便成为意识的粮食。当我们开车行经一座城市时，我们的双眼看到这么多的广告招牌，这些影像进入意识。当我们拿起一本杂志，其中的文章、广告也喂养着我们的意识。其中有些广告会刺激我们对财物、性与食物的贪爱，这些广告是有毒的。假如我们在看报纸、听新闻或交谈后感到焦虑或疲惫不堪，我们就知道自己刚刚接触过毒素了。

电影是眼、耳、意三根的粮食，当我们看电视时，电视节目就是我们的食物。一天花五个小时看电视的儿童正摄取种种影像，这些影像灌溉他们内在的贪爱、恐惧、愤怒与暴力等负面种子。我们暴露在这么多有毒的形象、颜色、声音、气味、味道、触觉的对象和念头之中，它们剥夺我们身心的安乐。当你感到绝望、恐惧或沮丧时，可能是因为你经由触食摄取了太多毒素所致。不仅孩童需要被保护，以免于暴力、有害的电影和电视节目、书刊杂志和游戏的侵害，我们也可能被这些媒体所摧残。

若能保持正念，我们就知道自己是正在“摄取”恐惧、愤恨与暴力的毒素，或正在食用助长智慧、慈悲与度人之决心的食物。借由修习正念，我们将会知道见、闻及接触某些事物会让自己觉得轻快、平和，而其他一些事物则会让自己感到焦虑、悲伤或沮丧，如此我们就会了解应该接触或避免什么。皮肤保护我们免于细菌入侵，抗体保护我们抵御内在的侵略者。我们也必须运用意识中的保护层来自我防护，不让有害的感官对象毒害我们。

佛陀举出以下这个极端的意象：“有头母牛罹患一种可怕的皮肤病，全身皮肤几乎都已脱落殆尽。当你把它牵到古墙边或老树旁，藏在树皮中的所有生物都冒了出来，紧紧地黏附在母牛身上吸血。当你把它拉进水中也是如此，甚至只要它暴露在空气中，小昆虫就会过来吸血。”佛陀接着说：“我们的处境也是如此。”

我们遭受影像、声音、气味、接触及念头等各种不同的侵袭，而它们之中有许多会滋养我们内在的贪爱、暴力、恐惧与绝望。佛陀劝导我们在自己的每个感官门户布下正念的岗哨，以自我保护。运用你的佛眼观看即将摄取的每一种食物，若看出那是有毒的，就拒绝去见、闻、尝试或碰触，只摄取自己确定是安全的养分。“正念五学处”（Five Mindfulness Trainings）[①] 会大有帮助，个人、家庭、城市和整个国家必须聚在一起，共

① 参见一行禅师之 *For a Future To Be Possible：Commentaries on the Five Mindfulness Trainings*（修订版）（Berkeley：Parallax Press，1998）。另见本书第二部第四、五章。〔译按：一行禅师以“正念五学处”来代替传统“五戒”一词，正念第一学处至第五学处分别是尊重生命（不杀生戒）、布施（不偷盗戒）、性伦理（不邪淫戒）、谛听与爱语（不妄语戒）、正念地饮食与消费（不饮酒戒）。〕

同讨论自我保护与继续存活的对策。为了脱离我们所处的险境，大家必须共同努力地修习正念。

深入观察意志的本质，活在当下

第三种食是思食——意志、意图或意愿，亦即想要得到自己想要的任何事物的欲望。意志，是我们一切行动的基础，若认为让自己快乐的方法是成为大企业的总裁，那么我们所有的言行都将以实现此目标为依归，即使在睡觉时，意识也持续为此努力。或者假设我们认为自己与家人所受的一切苦，都肇因于过去曾伤害过我们的某个人，以为唯有伤害他才会快乐，那么我们生命的驱动力就纯粹是报复的欲望，我们所说的每句话、计划的每件事，都为了要惩罚对方，连夜里都梦见复仇。我们认为报复会让自己解脱愤怒与仇恨。

每个人都想要快乐，而我们内在都有一股强大的力量，推动自己趋向以为会带来快乐的事物，然而，这可能就是使我们受苦的原因。我们需要洞见，以明了地位、报复、财富、名望、钱财等通常都是快乐的障碍，我们需要培养想要脱离这些事物的愿望，以享受生命中永远唾手可得的奇迹，例如蓝天、树木、可爱的孩子。正念地禅坐、正念地步行与正念地观察三或六个月之后，我们对现实的深刻洞察力将会生起，而能活在当下，享受当下的生命，这种能力让我们解脱所有的冲动，带来真正的快乐。

有一天，正当佛陀和一群比丘同在正念中用完午饭后，有个气急败坏的农夫经过，询问他们："诸位比丘！你们有没有看见我的母牛？发生这么倒霉的事，我简直快活不下去了。"佛陀问："怎么回事？"他回答："诸位比丘！今天早上我所有的十二头母牛都跑掉了，另外，我今年所种的芝麻全都让昆虫给吃光了！"佛陀对他说："这位先生，我们没看见您的牛，它们可能朝另一个方向跑走了。"在农人朝那个方向离开后，佛陀转头向他的僧众说："亲爱的朋友们！你们知道自己是世上最幸福的人吗？你们没有母牛或芝麻可以失去。"我们总是努力不断地蓄积，以为累积这些"母午"是生存所不可或缺的，但事实上，它们很可能正是让我们无法快乐的障碍。放开你的牛，做个自由人吧！释放你的牛，好让自己能获得真正的快乐。

佛陀还提出另一个极端的意象："有两个壮汉拖着一个人往前走，要把他丢到火坑里，这个人无力抵抗，最后被丢进火红的余烬中。"佛陀说，这两名壮汉就是我们的意志。我们不想受苦，但根深蒂固的习气却把自己拉进痛苦的烈焰中。佛陀劝我们深入观察自己意志的本质，以看清它正将我们推向解脱、平静与慈悲，或苦难与不快乐，我们要有能力看出自己正在食用哪种"思食"。

意识摄入毒素，如三百利刃刺杀自己

第四种食是识食[①]。我们自己与家庭、社会过去行为所播下

① 参见本书第13页注①。

的所有种子，构成了意识。我们每天的思想、言行都流入意识之海，它们创造了我们的身心和世界。我们可借由修习慈、悲、喜、舍四无量心来滋养意识[①]，也可用贪、嗔、痴、慢、疑来喂养它。我们的意识夜以继日不断地摄食，而它所吃的一切都化为生命的本体。我们必须非常小心，看自己所摄取的是哪一种食[②]。

佛陀举出另一个戏剧性的意象来阐述此点："有个危险的杀人凶手落网后被带到国王面前，国王宣布对他处以利刃穿身的死刑：'把他带到中庭，用三百把利刃戳穿他。'中午时分，有名侍卫禀报：'陛下！犯人还活着。'于是国王宣布：'再刺他三百刀。'到了晚上，侍卫再度禀报国王：'陛下！犯人还没死。'因此，国王三度下令：'拿全国最锐利的三百把刀刺穿他。'"然后佛陀说："这就是我们通常对待自己意识的方式。"每当我们的意识摄入毒素，就犹如拿三百把利刃刺杀自己。我们自己受苦，而此苦流溢出去后也影响了周遭的人。

---

① 参见本书第三部第六章。

② 公元255年，越南禅修大师康僧会（Tang Hoi，译按：康僧会其祖世居新疆，其父后移居越南，故说他是中亚裔的越南禅师）教示，我们的意识就如大海，六根之河流注其中。我们的身、心来自意识，由我们自己与环境所形成。我们的生命可说是自己意识的展现，意识摄取的食物造就了现在的我们与环境。事实上，我们吃进身体里的食还有触食与思食，这些最后全都会进入意识，包括愚痴、愤恨、悲伤，都会流回意识之海，我们应知道自己每天用何种食喂养意识。识（vijñana）成熟时，会产生新的生命形态——"名色"（nama rupa，心与身）。"色"是指我们的身体或生理层面，"名"是指心或心理层面。身、心是意识的展现，而意识是由这些食所构成。我们必须看着自己的色、受、想、行、识等五蕴，五蕴就是"名色"，列于五蕴之首的色蕴是"色"，其余四蕴是"名"，它们都是阿赖耶识或藏识的产物。

修习正念，知苦断集

当我们修习第一圣谛的“初转”时，我们如实地辨识苦。假如处于恶劣的人际关系时，我们认清：“这是恶劣的关系。”我们的修行就是陪伴自己的苦，好好照顾它。当我们修习第二圣谛的“初转”时，我们深入透视自己苦的本质，看清自己一直拿何种食来喂养它。过去几年、几个月来，我们以何种方式生活，才造成这样的苦。我们得辨识、认清自己摄取的种种食，并观察：“我这样想、那样说、这样听或那样做时，痛苦就会增长。”在开始修习第二圣谛之前，我们往往将自己的不快乐归咎于他人。

深入观察需要勇气。在禅坐中，当你清楚地看到苦的征兆时，愿意的话，可以用铅笔和纸写下来，然后问自己：“我一直在摄取何种食，而让这苦茁壮、持续？”当你开始了解自己一向摄取的是何种食时，你可能会哭。为了让自己真正地活在当下，如慈母怀抱儿女般地拥抱着自己的苦，请整天运用正念的力量，只要正念现前，就能与困境共处。修行并不表示光凭自己的正念、专注与智慧，还必须从道友和老师的正念、专注和智慧受益。有些事就算小孩也能看出来，但自己却未必看得见，因为我们被自己的观念囚禁了。将你写下的东西拿给朋友看，请教他们的观察所得与洞见。

若你和朋友坐在一起坦诚交谈，决心要发觉自己苦的根源，那么你最后会看清这些根源；但如果你把苦埋在心底，它有可能日益壮大。仅仅看见自己的苦因就能减轻负担。佛陀的大弟子之一舍利弗曾说："当事物生起时，若我们深入地看着它真正面貌的核心，看到它的根源与滋养它的食物，那么我们就已在解脱道上了。"当我们能辨识自己的苦，并看到其根源时，我们会更为平静、喜悦，且已踏上解脱之道。

在第二圣谛的第二阶段"劝转"中，我们清楚地看到，若停止摄取造成苦的种种食，就有可能获得真正的快乐。要是知道自己身体受苦，是因为饮食、睡眠或工作方式所致，那么就应该发愿改用更健康的方式来饮食、睡眠或工作，鼓励自己终结苦因。只有凭借坚强的意志，不再因循旧习，才能让法轮运转不息。

正念是能帮助我们"停止"的能量。我们探究目前自己摄取哪种食物，并决定哪些可继续食用，或哪些需要极力避免。我们和朋友、家人以及整个社群一起坐禅、观察，讨论如何正念地摄取食物、如何保护自我身心，以及如何保护自己的家庭、社会与环境。当我们将注意力转向自己的苦时，就能看见自己快乐的可能性，看到苦的本质与离苦之道，所以佛陀才会将苦称为"圣谛"。在佛教中，我们使用"苦"一词时，意指能让我们看到离苦之道的那种苦。

有许多种修行方式能帮助我们面对自己的苦，包括正念地步行、正念地呼吸、禅坐，正念地饮食、正念地观察与倾听等。在正念中跨出的一步，能让我们深深领会自己本身与周遭的美与喜悦。13世纪越南大禅师陈太宗（Tran Thai Tong）[①]曾说："你

① 陈太宗（1225—1258）为越南陈朝（1225—1400）前期的皇帝，早年曾受教于由中国赴越的临济宗天封禅师，又从宋朝禅师德诚参学，具禅师身份，又称"调御觉皇"。著有《课虚录》，为竹林禅派的基本著作。

每跨一步，就接触到实相的大地。”若整天正念地步行与深度倾听，那就是把四圣谛化为行动。当我们看清苦时，就有可能疗愈；我们誓愿避免摄取造成苦的食物，也誓愿食用健康有益的食物。

在第二圣谛中的第三转“证转”上，我们不仅发誓，且确实停止摄取制造苦的食物。有些人认为要终止苦，就得“停止”色、受、想、行、识，但这想法是错误的。第二圣谛的第三阶段可描述为“饥来吃饭，困来即眠”[①]。若能体证此阶段，即有某种程度的轻快与自在，你想做的一切都会完全符合“正念学处”，不会做出任何伤害自己或他人的事。

孔子说：“吾三十而立，四十而不惑，五十而知天命，六十而从心所欲不踰矩。”[②]禅宗“十牛图”的最后一图称为“入廛垂手”（空手进入市集），你可随意地自由来去，这就是“非行动的行动”[③]苦，不再生起。此阶段无法模仿，你必须自己亲自体证而达到。

19 世纪末，越南的一定（Nhat Dinh）大师请求皇帝恩准辞去国家寺院方丈一职，好让他隐居山间茅庐，侍奉年迈的母亲。当时有许多官员供养大师，请求他另辟一座寺院，但他宁可在极度宁静、喜悦中简单度日。有一天，他的母亲病了，需要吃

---

① 此语出自大珠慧海禅师。参见《景德传灯录》,《大正藏》第 51 册，第 247 c 页。

② 出自《论语·为政》第二，但此段话应为：“吾十有五而志于学，三十而立，四十而不惑，五十而知天命，六十而耳顺，七十而从心所欲不踰矩。”

③ 《四十二章经》：“吾法念无念念、行无行行、言无言言、修无修修，会者近尔，迷者远乎！”（引自蕅益大师《四十二章经解》）。

鱼，于是他到市集向鱼贩要了一条鱼提回山中。旁观者交相询问：“一个佛教出家人要一条鱼做什么？”但像一定大师这种已达到证悟境界的人，能随心所欲而不违反戒律。在第二圣谛的第三阶段，你只要做自己就可以了，形式并不重要。可是，要小心！你首先要有真正的洞见、真正的解脱。

第八章

四圣谛的新顺序：灭、道、苦、集

直接面对苦，体证苦、乐不二

牙痛时，我们知道牙齿不痛是幸福，但后来牙痛好了，我们却不珍惜这份幸福。修习正念可以帮助我们学会认识早已存在的安乐。有了正念，我们就会珍惜自己的幸福，且能让它持续更久。我总是问心理治疗师："为什么你只跟病患谈苦？为何不帮助他们接触同样也存在的快乐种子？"心理治疗师需要协助病患触及第三苦灭圣谛，我鼓励他们与病患练习行禅与茶禅，以灌溉病患内在喜悦的种子。

请问问自己："是什么在滋养我内在的喜悦？是什么在滋养他人内在的喜悦？我是否提供足够的养分给自己与他人以滋长喜悦？"这些都是与第三圣谛有关的问题。倘若你知道如何享有自己已经拥有的稀世珍宝，那么苦的灭尽——安乐，是随处可得的。你有双眼能观看，有肺能呼吸，有腿能行走，有双唇能微笑。痛苦时，请深入观察自己的处境，找到已存在且唾手可得的快乐因素。

当我们展开第三圣谛的第一阶段时，就已经享有某种快乐了，只是我们不尽然知道这一点。我们自由自在，但不自知，就如年轻时身强体健，却不懂得珍惜。即使有人试着告诉我们，我们也无法领会自己所拥有的一切，唯有不良于行时，才体会有两条健康的腿能走路是多么美好的事。第三圣谛的初转是“示转”——“认知”苦不存在而宁静存在的可能性。倘若我们此刻无法享有宁静与喜悦，至少可想起过去曾经历的宁静、喜悦，或观察别人的宁静、喜悦，确保“安乐是有可能出现的”。

第三圣谛的第二转是“劝转”——“鼓励”自己发现宁静与喜悦。想莳花弄草，就得弯下腰去接触土壤。园艺工作是一种修行，而非只是概念。要修习四圣谛，你必须深深地接触为自己带来宁静喜悦的事物。如此一来，你会了解走在大地是个奇迹，洗盘子是个奇迹，与一群志同道合的朋友共同修行也是个奇迹，而最大的奇迹就是活着。我们只要体会为自己的苦而受苦是不值得的，借此就能终结苦。有多少人因为一时盛怒或绝望而自杀？当时他们并未看见身旁无上的快乐，而正念能消除这种狭隘的观点。佛陀直接面对自己的苦而发现了解脱之道，别为了迎接愉快的事物，而逃避不愉快的事物。请将双手接触大地，面对困境，重新培养快乐。

有位学生曾告诉我：“当我参加派对时，大家看起来似乎都很快乐，但看透表象后，却发现有那么多的焦虑与痛苦。”起初，你的喜悦是有限的，尤其是掩盖着苦的那种喜悦。拥抱自己的苦，微笑以对，并在其中发掘快乐的源头。诸佛菩萨也受苦，我们与他们之间的差别在于：佛菩萨知道如何将苦转化为喜悦与慈悲。就如优秀的园艺师，他们不会生起偏好花朵或厌恶垃圾的分别心，他们知道如何化腐朽为鲜花。别抛弃自己的苦，去体会它，直接面对它，而知苦、乐皆无常，你的喜悦将会变得更加深刻。请学习培养喜悦的艺术吧！

若能如此修行，你就达到第三圣谛的第三转“证转”——“体证”苦、乐是不二的。到了此阶段，你的喜悦不再脆弱，它是真正的喜悦。

修行圣道，以去除苦

第四圣谛是道谛（离苦之道）。首先，医生深入探究我们苦的本质，然后确认去除苦的可能性，最后开出离苦的药方。修行第四圣谛的“初转”时，我们“认知”八圣道——正见、正思维、正语、正业、正命、正精进、正念与正定，能引导我们离苦，但我们还不知道如何去修行。

在第二转时，我们“鼓励”自己修行此道，透过闻、思、修来实现。学习时，无论是透过阅读、听闻或讨论，我们都需要敞开心胸，才能看见学以致用的方法。若学而不思、不修，那就不是真正的学习。

在此阶段，我们看见圣道与自己生活中实际的困境息息相关，所以与实际痛苦无关的修行，并非我们需要的圣道。当我们明白会受苦是因为不负责任地生活，且借由改变生活方式就能结束苦时，我们便在此困顿中觉醒了。转化是渐进的，然而一旦看清自己的苦因，我们便可努力修正自己的行为来结束苦。假设我们察觉自己的心脏功能不良，也知道烟、酒、胆固醇是主要的原因，那么就得努力停止摄取这些东西。在道谛的第二阶段，我们每天都会变得比以往更自在。当我们践行所学时，圣道就开始变得真实起来。

佛陀劝我们要辨识长养苦的种种食，然后停止摄取这些食。我们要尽己所能，并求助于兄弟姊妹，别期望困境会自行消失，我们必须采取某些行动，同时也要避免其他某些行动。一旦下定决心停止喂养苦，解脱之道就出现在我们眼前，那是通往安乐的八圣道。佛陀是医生，所以他请我们把苦带到他面前；我们自己也是医生，要下定决心转化困境，证实安乐的可能性。佛陀指出通往安乐的八圣道，并激励我们遵循此道。第四圣谛的第三转“证转”，即指自己正在修行此圣道。

四圣谛相互依存，本是一体

当禅修指导老师指定一则公案给你，例如“何谓只手之声”[①]或“如何是达摩祖师西来意”时，你要自问：这则公案跟我实际承受的沮丧、恐惧或愤怒等苦有何关联？若与这些实际问题不相干，那就并非你需要的道路，可能只是一种逃避。请以一种能转化苦的方式来参究公案。

① 此公案为日本临济宗白隐禅师所创，以“什么是单手拍击的声音?”引导弟子参悟。

“此是苦，要看清此苦，要彻底地理解此苦之根源。我已看见此苦，我已看清它如何显现，我已看见它的内涵与根源。”这些都是修行，而不仅仅是宣言。“如实知”（yatha–bhutajnana）将从我们的生活与修行中涌现。

当憍梵波提（Gavampati）比丘听到其他比丘说“凡见苦者，即见集（苦之产生）、灭（苦之止息）与道（离苦之道）”时，他补充说：“我亲耳听见佛陀说．诸比丘！凡见苦者，即见集、灭与道；凡见集者，即见苦、灭与道；凡见灭者，即见苦、集与道；凡见道者，即见苦、集与灭..。”[①]相互依存（interbeing）是一切佛法的重要特征，当你触及“一”，就触及“一切”。

理解四圣谛相互依存的本质很重要，深入观察四圣谛中任何一谛时，也同时看到其他三谛。当我们深入观察苦谛时，可以看到苦如何形成，同时也看到如何终止苦而体会安乐，以及道谛的效力。深入观察第一圣谛时，我们从中看见了第二、第三与第四圣谛。四圣谛是一体的。

为了见道，我们需要苦，在苦的核心中，可以找到集、灭和道。若我们害怕碰触自己的苦，那就会无法证悟宁静、喜悦与解脱之道。别逃避，要体会、拥抱自己的苦，与它和平共存。佛陀曾说：“一旦你理解苦如何生起，你就已在离苦之道上了。”[②]知道什么事物已生起，也知道它如何形成，那么你已在解

---

① 《相应部》第 5 册〈大品·谛相应·憍梵波提经〉，第 436 页，巴利圣典协会版（*Samyutta Nikaya*，V，436）。

② 《相应部》第 2 册〈因缘品·因缘相应〉，第 47 页，巴利圣典协会版（*Samyutta Nikaya*，II，47）。

脱之道上了。

四圣谛的新顺序

让我们重新组合四圣谛。第三圣谛“灭谛”表示苦灭，那也就是安乐的现起，我们不说“灭”而称之为“安乐”，如此一来，便可称第四圣谛为“通往安乐的八圣道”。接着，不称第二圣谛为“苦之因”，而说有导致苦的八非圣道或“八邪行道”（八种错误的修行之道），即邪见、邪思维、邪语、邪业、邪命、邪精进、邪念、邪定。为了利益现代人，我们可能要重新编列四圣谛的顺序如下：

（一）安乐（传统列为第三圣谛“灭”）。
（二）通往安乐的八圣道（传统列为第四圣谛“道”）。
（三）苦（传统列为第一圣谛“苦”）。
（四）导致苦的八非圣道（传统列为第二圣谛“集”）。

遵循八圣道而生活，即能增长安乐，生活也将充满喜悦、自在与奇迹。但若不行圣道，日常生活中仍存有贪、嗔、痴、恐惧，也就是走在八非圣道上，那么自然会有苦果。修行就是直接面对自己的苦并转化它，以获得安乐。我们需要研究八圣道，并学习在日常生活中践行八圣道的方法。

Chapter 2

第二部
八圣道：通往正确修行之路

修行必须明智，以对佛法的正确理解为根基。佛教并不是一堆见解的总和，而是一种帮助我们去除邪见的修行。佛教实践可以将生活的痛苦和绝望转变为和平与欢乐。

导论

若想解脱，就得修行八圣道

当佛陀 80 岁即将入灭时，有位年轻人须跋陀（Subhadda）来求见。佛陀的侍者阿难认为，此时让年迈的导师见任何人都会太耗费体力，但佛陀无意间听到须跋陀的请求，于是对阿难说："阿难！请他进来吧。"即使在临终时，佛陀依然愿意接见求法者。

须跋陀问道："世尊！摩揭陀（Magadha）与憍萨罗（Koshala）的其他宗教师是否圆满证悟了呢？"佛陀知道自己命在旦夕，回答这样的问题是浪费宝贵时间。记住，当你有机会向老师请教佛法时，要提出足以转变自己生命的问题。当时佛陀回答：

> 须跋陀！那些宗教师是否圆满证悟并不重要，问题是你自己想不想解脱。若想，就得修行八圣道。修行八圣道之处，必有喜悦、平静与洞见。①

佛陀初转法轮时便提出八圣道，并在其后四十五年间持续

① 《大般涅槃经》（*Mahaparinibbana Sutta*，《长部》第 16 经）。

教授八圣道，而在对须跋陀开示的最后说法中，他再次宣说八圣道——正见、正思维、正语、正业、正命、正精进、正念、正定。[①]

“八支圣道”（arya ashtangika marga，具有八个部分的圣道）意味解脱道上这八个要素之间相互依存的本质，其中每个分支都包含其他七支。请用智慧将八圣道的各个要素应用在自己的日常生活中。

① 关于“正”一字的用法，参见本书第 11 页注①。

第一章

正见：帮我们去除邪见的修行

正见是坚信人能转化自身之苦

八圣道的第一支圣道是正见。首先，正见是深刻了解四圣谛，亦即了解我们本身的苦（苦）、苦的生起（集）、苦可被转化的事实（灭）以及转化之道（道）。佛陀曾说，正见就是相信我们具有能转化自身之苦的坚定信念与信心。舍利弗尊者补充说，所谓正见，就是了知自己因摄取四食中的何种食，而使何种事物生起。[①]

舍利弗将正见描述为分辨善根（kushala mula）与不善根（akushala mula）的能力。在每个人的意识深处，都有善及不善根（或善、不善的种子）。若你为人忠诚，那是因为你内在有忠诚的种子，但别以为自己内在并无背叛的种子。倘若生活环境中忠诚的种子得到灌溉，你就会成为忠诚的人，但假如背叛的种子得到灌溉，你可能连自己所爱的人都会背叛。你将因此而

① 参见本书第一部第七章，另见本书第四部《正见经》。

感到内疚，但若内在背叛的种子茁壮，你可能还是会有背叛的行为。

修习正念有助于我们辨识内在藏识中所有的种子[①]，并浇灌其中最善的种子。当某人朝我们走来时，只看一眼就会让我们觉得不舒服，但另一个人走过来时，我们却可能立刻对他产生好感，这两个人身上都有某种东西触及我们内在的种子。假使我们深爱母亲，一想到父亲时却感到紧张，那么一眼见到貌似母亲的年轻女子时，我们就会心生好感；而看到一位会唤起我们对父亲回忆的男子，我们就会感到不快。如此，我们“看见”了自己内在的种子——爱母亲的种子与面对父亲而受伤的种子。当我们能够察觉自己藏识中的种子时，就不会对自己或他人的行为感到惊讶。

佛性的种子(即觉醒与如实知事物的能力)，也存在于我们每个人的内在。对人合掌问讯时，就是承认对方内在的佛性种子；如此对一个孩子行礼，会帮助他健康而自信地成长。种瓜得瓜，种豆得豆。若人行善，就会快乐，否则就是在灌溉自己内在的贪、嗔、暴力等种子。正见就是要辨认哪些种子是善，并鼓励自己去浇灌它们，这是所谓的“有选择性的接触”。我们需要相互讨论，彼此分享，以加深自己对修习正见与“正念五学处”的理解，尤其是关于如何摄食的第五学处。[②]

---

① 有关藏识的解说，参见本书第 13 页注①。

② 参见一行禅师之 *For a Future To Be Possible*。

摆脱错误的“想”，如实照见事物

我们的“见”（view）是以“想”（samjña，感知）为基础。在中文里，“想”这个字的上半部是“相”，亦即“标记”、“记号”、“现象”，而下半部是“心”或“心灵”。“想”通常都有“相”，且在许多情况下，这些相都是虚幻不实的。佛陀劝我们别受自己的“想”所愚弄，他对须菩提说：“凡所有相，皆是虚妄。”[①] 佛陀也在许多场合中教导大众，我们大部分的“想”都是错误的，而我们所受的苦多半来自于此[②]。在能洞悉事物之前，错误的“想”会让我们的正见无法生起，因此，我们必须一再地问自己：“我确定吗？”

“想”总是意味着去感知某件事物。我们相信自己感知的对象是在感知的主体之外，但这种见解是错误的。当我们感知月亮时，月亮就是自己；当我们对朋友微笑时，朋友也是自己，因为此时朋友是我们感知的对象。

当我们看见一座山时，山就是我们感知的对象；看见月亮时，月亮也是我们感知的对象。当我们说：“我能在这朵花中看到自己的意识。”那就表示我们能从花里看到白云、阳光、大地与矿物。但我们如何能在一朵花中看到自己的意识呢？那朵花就是我们的意识，它是我们感知的对象，它就是我们的“想”。

---

① 参见一行禅师之 *The Diamond That Cuts through Illusion: Commentaries on the Prajñaparamita Diamond Sutra*（Berkeley：Parallax Press，1992）。

② 参见《蜜丸经》（*The Honeyball Sutra*，《中部》第 18 经》）。

“想”意味着感知某个对象，也代表能感知者与所感知对象的存在。我们正在注视的那朵花是意识的一部分，我们必须摒除意识位于花朵之外的这种观念，因为主体若无对象就不可能存在，两者缺一不可。

我们感知或看事物的方式，都根植在藏识中。十个人同看一朵云彩，会有十种不同的看法，无论它被想成是只狗、一把铁锤或一件外套，那都取决于我们悲伤、回忆或愤怒的心。我们的“想”带着一切主观性的错误，然后根据它而对所感知的对象加以赞赏、责备、谴责或抱怨。然而，我们的“想”，是由贪、嗔、痴、邪见与偏见等烦恼所构成，而“想”也决定了我们是快乐或痛苦。因此，深入观察自己的“想”，并了解其根源是很重要的。

我们对快乐有特定的看法，相信唯有某些情况才能使自己快乐，但往往就是这种对快乐的看法让我们无法快乐。我们必须深入观察自己的“想”，才能摆脱它的束缚，那么“想”将成为一种洞见，即道的体证。道的体证不是“想”，也不是“非想”，而是清晰地洞察，如实地照见事物。

我们与周遭那些人的快乐，取决于我们正见的深度。深入地触及实相，亦即清楚了知当下自己身心内外发生的一切情况，那就是让自己解脱、不因错误的“想”而受苦的方法。正见并非一种意识形态或思想体系，它甚至不是一种道路，而是我们透视生命实相的一种洞见，那是种活生生的洞见，让我们充满智慧、平静与爱。

陷于实相的概念，就失去实相

有时，当我们看见孩子的行为处事，明明知道那样的行为将来会让他们受苦，但试图对他们说明时，他们又充耳不闻。这时我们只能激发他们内在正见的种子，过了一段时间，当他们困顿时，或许就能从我们的引导中获益。我们无法向从未尝过柳橙的人解释这种水果，无论描述得如何详尽，也不能让另一个人直接体验柳橙，他必须亲自品尝，我们只要说一个字，他就会被困住。正见是不可描述的，我们只能指出正确的方向，它甚至无法由老师来传授。老师能帮助我们辨识自家花园中早已存在的正见种子，帮助我们建立修行的信心，而将正见的种子撒进日常生活的土壤中。但身为园丁的是我们自己，所以我们必须学习如何灌溉自己内在的善种，让它们绽放出正见的花朵，而灌溉善种的工具是正念地生活——在正念中呼吸、步行，在正念中度过生活的每一刻。

1966 年在美国费城举办的和平运动大会上，有位记者问我："你来自北越或南越？"当时我若说来自北越，他可能会认为我是亲共分子；我若说来自南越，他可能以为我是亲美分子，所以我告诉他："我来自中部。"我想帮助他放下自己既定的概念，面对眼前的真实，这是禅的语言。从前有位禅僧看见一只美丽的大雁飞过，他想和同行的师兄分享那份喜悦，但师兄正好弯腰取出僧鞋中的一块小石头，等他抬起头时，大雁早已飞远。他问："你要我看什么？"此时那师弟只能默然不语。太虚大师曾说："只要树在你背后，你就只能看见它的影子；若你想触及实相，就不得不回头。""影像教"（image teaching）是运用文字概念，"本质教"（substance teaching）则以你的生活方式来沟通。[①]

若你来梅村（Plum Village）度过一天，你对梅村会有个概念，但那概念并非真正的梅村。你可能会说："我去过梅村。"其实，你只去过自己概念中的梅村。你的概念可能比从未到过梅村的人稍微清楚一点，但那仍只是个概念，而非真正的梅村。你对实相的概念或"想"并不等同于实相本身，当你陷于自己的"想"与概念时，就失去了实相。

修行，就是超越概念，以达到事物的本性。"无念"，即非概念之道；只要有概念，就无实相、真理。"无念"意指无错误之念，这并不表示没有正念。因为有正念，我们对事情的对错才能当下了了分明。

我们正在修习坐禅，以自己的心灵之眼看见一碗西红柿汤，因为此时我们本来应摄念于自己的呼吸，所以我们以为内心浮现西红柿汤是错误的修习。但若修习正念，我们会说："我正在吸气，我正想着西红柿汤。"那就已经是正念了。正确或错误并非客观的，而是主观的。

正见和邪见（错误的见解）之分是相对性的说法，如果更深入观察，我们就会明了"一切见解都是邪见"。未曾有一种见解就是真理本身，任何见解都基于某个立足点，因此见解才会被称为"观点"。若走到另外一点，我们会以不同的方式看待事

---

① 参见《宗镜录》，《大正藏》第 48 册，第 631b 页。

物，且了解自己先前的观点并非完全正确。佛教并不是一堆见解的总和，而是一种帮助我们去除邪见的修行。我们的见解永远都可以修正改善，从究竟实相的角度来看，扬弃一切见解即是正见。

修习正念的生活，展现八圣道

我们在刚开始修行时，对佛法的见解只是一种模模糊糊的概念，但概念上的知识是绝对不够的。正见的种子或成佛的种子就在我们心中，被层层无明、悲伤、失望所遮蔽。我们必须将见解付诸修行，在闻、思与修的过程中，见解会基于自己切身经验而变得愈来愈有智慧。当我们修习正念时，会在每个人身上看见成佛的种子，包括自己在内。这就是正见，有时也称为“诸佛之母”（prajña paramita，般若波罗蜜），那是一股能让我们解脱的爱与智慧的力量。修习正念的生活时，我们的正见将会展现，而内在含藏的八圣道上其他一切要素也都得以开显。

八圣道的八种修行彼此相辅相成，当我们的见解日益“正确”时，内在八圣道的其他要素也随之加深。正语以正见为基础，同时也增长正见；正念和正定巩固及加深正见；正业也必须立足于正见，而正命则净化正见。正见既是修道上其他要素的因，也是它们的果。

【图二】圣道八要素的相互依存

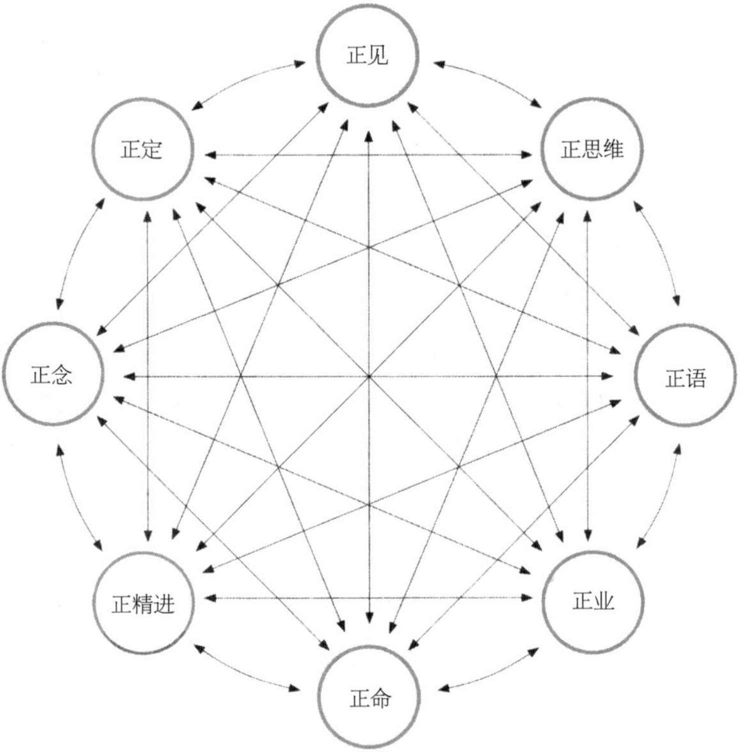

第二章

正思维：找到属于自己的道路

当我们心中的正见稳固时，就会拥有正思维（正确的思维）。思维需要以正见为基础，若能训练自己正思维，正见也将会增长。思维是我们内心的言语，正思维让言词清晰而有益。思维往往会导致行动，因此我们需要正思维引导我们走上正业之道。

我思，故我不在

正思维反映事物的真实面貌，而邪思维（错误的思维）则导致我们以一种“颠倒”（viparyasa）的方式来看问题。然而，修习正思维并非易事，通常当我们的身体在做某件事时，内心却常常想着其他的事，身与心不能统一。有意识的呼吸是一种重要的联系，当我们专注于呼吸时，就能让身心再度合一。

当笛卡尔（Descartes）说“我思故我在”时，他的意思是，我们可以借由具有思考作用的这项事实来证实自己的存在。他的结论是：我们思考，因此我们确实存在。但是，我的结论正好相反：“我思，故我不在。”身、心只要一分离，我们就会迷失，就无法真正说自己存在于当下。

倘若我们正念地呼吸，并触及内在和周遭具有疗愈、让人振奋的要素，将能找到平静与充实。正念地呼吸帮助我们的心不再被过去的悲伤和未来的焦虑所占据，它让我们接触当前此刻的生活。我们的思想多半是不必要的，那些思绪是受限的，本身并未蕴含多少智慧。有时我们觉得自己的脑袋里好像有部录音播放机，终日不断运转，我们无力关掉它，因而让自己变得忧虑、紧张及做恶梦。修习正念时，我们才开始听见心中的录音带，注意到自己的思维是否有用。

思维具有两部分——“寻”（vitarka，最初的念头）与“伺”（vichara，持续发展的念头）。“寻”就像“今天下午我得交一篇文学报告”，这个念头接下来的发展可能是怀疑自己这份作业是否正确，或在缴交之前是否应该再读一次，或老师是否会注意到我们迟交作业等。“寻”是最初的念头，“伺”则是最初念头的发展。

在初禅阶段，思维的这两个部分都存在，到了第二禅，两者就都消失了。当我们更深入接触到实相，就能解脱语言文字与概念的束缚。去年我曾和一群孩子在林中散步，当时我注意到其中一个小女孩有很长一段时间都在思考，最后她问我：“比丘爷爷，那棵树的树皮是什么颜色？”我告诉她：“就是你看到的颜色啊！”我想让她进入近在眼前的美妙世界，不想添加另一个概念。

与正思维相关的四个练习

与正思维相关的有以下四个练习：

（一）“你确定吗?”——假如路上有根绳子，而你把它想成一条蛇，以恐惧为基础的思绪就会随之而起。你的“想”错得愈离谱，你的思维也跟着错得更严重。请在一张大纸上写下“你确定吗”这几个字，并把它挂在自己常常看得见的地方，反复地问自己这个问题。错误的“想”会造成邪思维与不必要的痛苦。

（二）“我正在做什么?”——有时我会问学生：“你正在做什么?”目的在帮助他摆脱对过去或未来的思绪，回到当下的一刻。我问此问题是要帮助他活在当下，活在此刻。他只需微笑以对，就能展现他真正的存在了。

自问当下正在做什么，将有助于克服你想要快速完成事情的习性。要对自己微笑，并说：“洗盘子是我生命中最重要的工作。”当你问“我正在做什么”时，请深思这个问题。若你的心跟着念头跑了，你就需要正念的介入。当你真正存在于当下，洗盘子就可以是深刻而愉快的经验，但如果你边洗边想其他事情，那就是在浪费时间，可能也没把盘子洗干净。若未能活在当下，就算洗了八万四千个盘子，你花的工夫还是没有丝毫功德。

梁武帝曾问中国禅宗初祖菩提达摩，他在全国各地广兴寺院可得多少功德，菩提达摩回答：“一点功德也无。”但若在正念中洗一个盘子，若深深安住于当前此刻而建立一座小道场，不想达到任何境界，不在乎名望或人们的认可，其功德则无量无边且有无比的快乐。经常问自己当下在做什么，当你并未因思绪而失神，能正念地做事时，你便会感到快乐，且成为其他许多人的依靠。

（三）“嗨！习气。”——我们有固守自己习性的倾向，即使那些习性会造成痛苦，工作狂就是个例子。过去我们的祖先可能得整天工作才能填饱肚子，但今天我们的工作方式可说是一种无法自主的冲动，让自己无法真正与生命接触。我们一天到晚想着自己的工作，甚至忙得没时间呼吸。我们需要找时间深观枝头绽放的樱花，正念地喝茶。思维方式决定行为模式，而思维方式则取决于习气。当我们辨认出自己的习气时，只需说：“嗨！习气。”然后和自己惯有的思维、行为模式好好相处。当我们能接受这些根深蒂固的念头，且不会因此感到内疚时，它们对我们的影响力就会大幅降低。正思维导致正业。

（四）菩提心——我们的“爱心”是一种为了造福许多众生而增长自己内在智慧的深心切愿，也是修习正念生活的动力。有菩提心作为思想的基础，我们的一切言行都将能帮助他人解脱。正思维会引生正精进。

以善思取代不善思

佛陀教我们许多方法以转化让人苦恼的念头，他曾说过的一个方法就是“换木栓”，就如木匠敲进新木栓，以取代腐朽的木栓[①]。我们要以善思来取代不善思，若经常被不善的思考模式所困扰，就要学习如何换掉“木栓”，以善思取代这些不善的思考模式。佛陀也将不善的思维比喻为颈部绕着一条死蛇，他说防止不善思生起的最简单方法，就是生活在善的环境中，也就是生活在一个修习正念生活的团体中。有同修道友在旁协助，很容易就能维持正思维，在良好的环境中居住是一味预防药。

正思维是符合正见的思维，那是一张地图，能帮我们找到自己的道路。然而一旦到达目的地，就该放下地图，全然进入真实之境。“无思而思”是一句著名的禅语。当你修习正见与正思维时，就能深深地安住于当下，治疗、转化自己的苦，并为众人真正地活在当下。

---

① 《除妄念经》(*Vitakkasanthana Sutta*),《中部》第20经。

第三章

正念：别再迷失于过去与未来

培养正念，即培养内在的佛

正念是佛法的核心。传统上，正念为八正道中的第七项，但此处为了强调它极高的重要性，所以列为第三项。正念现前时，四圣谛与八正道其他七要素也都会出现。当我们保持正念时，我们的思维就是正思维，我们的语言就是正语，以此类推，正念是一股将我们拉回到当下的力量。培养自己内在的正念，就是培养内在的佛，就是培养圣灵（Holy Spirit）①。

根据佛教心理学(即阿毘达磨 abhidharma，亦即“无比法”)，“作意”（manaskara）是一种“遍行”（universal）心所②，它表示我们总是在注意某个对象。当我们全然安住于当下时，我们的作意可能是“适当的”（yoniso manaskara，如理作意），

① 圣灵或圣神（the Holy Spirit）本为基督教“三位一体”教义中上帝的第三个位格，为无形的灵体，和其他圣父、圣子两个位格是同一本质。

② “遍行”心所是指此心所于一切心中都会生起，它们执行认知过程中最基本且重要的作用，若缺少它们，心就不可能认知对象。

而当我们把注意力放在会令人远离当下的对象时，我们的作意就是“不适当的”（ayoniso manaskara，非理作意）。一个好园丁知道从堆肥中培育出鲜花的方法，同样的，正念能接受一切而不加以评断或反应，它包含一切，充满慈爱。正念的修行，就是找到整天维持如理作意的方法。

正念的奇迹

“念”的梵文是 smriti，意即“忆念”，就是记得要回到当下。“念”字有两部分，上半部是“今”，表示“现在”，下半部是“心”，表示“心”或“心灵”。正念的第一项奇迹就是活在当下，能深深感受到蓝天、花朵和孩子的微笑。

正念的第二项奇迹是让蓝天、花朵、孩子等其他的一切，也活在当下。在越南长篇叙事诗《翘传》（*Tale of Kieu*）[①]中，女主角翠翘回到挚爱金重的住处，发现他正伏案沉睡，头枕着一堆书。金重听到翠翘的脚步声，但尚未完全清醒，他问：“你真的在这儿吗？还是我在做梦？”翠翘答道：“现在我们有机会看清彼此，但若我们未深刻地活在此刻，那就只会是一场梦。”你

① 《翘传》或《金云翘传》（在越南通常称为《传翘》），越南诗人阮攸（1765—1820）根据中国小说所作的长篇叙事诗，诗名取作品中三位主角金重、王翠云、王翠翘姓名的各一字。全诗以越南民族文字“喃”（Nom）字写成，共 3254 行，被推为越南文学中的经典作品。“喃”是越南的“本国语书体”，于公元 939 年由学者所创。10 至 20 世纪间，许多越南文学、哲学、历史、法律、医学、宗教与官方政策，都是以“喃”书写而成。

和你的挚爱在此共聚，你们有机会深入观照彼此，但若你们未全然地活在当下，一切都犹如梦一场。

正念的第三项奇迹是滋长你作意的对象。你最近一次深深凝视挚爱的双眼，并问对方："亲爱的，你是谁？"那是在什么时候？别满足于肤浅的回答。再问一次："你是谁？与我同甘共苦、生死与共的你，究竟是谁？吾爱！为何你不是一颗露珠、一只蝴蝶或一只鸟？"用你整个生命去问这个问题。若你未适切地注意自己所爱的人，那就是一种杀害。你们一起坐在车子里，若你沉浸在自己的思绪中，认定自己已完全了解对方，你的挚爱将会慢慢地死去。但若有正念，你的作意会灌溉日渐枯萎的花朵。"我知道你就在这里，在我身边，我因而感到非常快乐。"透过作意，你将能发现许多崭新而奇妙的事物，例如对方的喜悦、潜藏的才能、内心最深处的抱负。若你不修习如理作意，你怎能说深爱她呢？

正念的第四项奇迹是减轻他人的苦。"我知道你正在受苦，这就是我为了你而出现在此的原因。"这样的心意，你可用言语或光凭注视她的方式来传达。若你并非真正地活在当下，心里还想着其他事情，减轻痛苦的奇迹就不可能实现。在困顿时，如果有朋友能真正与你同在，你知道自己是有福的。所谓"爱"，就是以如理作意滋养对方，当你修习正念时，你就让自己与对方同时活在当下。"亲爱的！我知道你就在那儿，对我来说，你的存在珍贵无比。"你们在一起时，若你不如此表达出来，当她去世或发生意外时，你就只能哭泣了，因为在意外发生前，你不知如何和她真正快乐地在一起。

有人临终时，如果你能坚定地坐在他身边，仅仅这个举动，就有可能帮助他安详辞世。你的存在就如同能产生转化效应的神圣语言，当你的身、语、意圆满合一时，在你诵出任何一个字之前，咒语就已经发挥效用了。正念的前四种奇迹属于禅修的第一种层面——奢摩他（shamatha），即停止、平静、休息、疗愈。一旦你让自己平静，停止散乱，你的心将集中于一处，你将随时可以开始深入地观察。

正念的第五项奇迹是深入观察（vipashyana，毗婆舍那，“观”），它也是禅修的第二种层面。因为你平静而专注（止），所以是真正地活在当下，可以深入地观察（观）。你散发正念之光，照耀在自己作意的对象上，也照耀着自己。你观察作意的对象，也看到自己的藏识中充满着奇珍异宝。

正念的第六项奇迹是了解。我们理解某事时常说：“我明了（I see）。”也就是“看见”（see）了前所未见之处，“看见”与“了解”来自我们的心中。当我们正念地深入接触当下这一刻时，就能看得深入，听得深入，而其成果永远都是了解、接受、爱以及拔苦予乐的渴望。了解正是爱的基础，当你了解某个人时，就会情不自禁地爱上对方。

正念的第七项奇迹是转化。当我们修习正念时，就触及生命中具疗愈功能与令人重新振奋的要素，并开始转化自己和世间的苦。为了自己的身心健康，我们想要战胜某种习惯（例如抽烟），但刚开始修习正念时，习气仍会胜过正念，所以我们不期望自己能在一夜之间就戒烟成功，只要在抽烟时清楚地知道自己正在抽烟即可。我们继续修行，深入地观察，并看到抽烟对我们身心、家庭与社区造成的影响，这时就会下定决心戒烟。

这并不容易，但修习正念可以帮助我们看清自己的欲望和随顺习气所造成的结果，最终我们会发现戒除之道。共修的僧团很重要，曾经有个人努力戒烟多年却徒劳无功，他来到梅村的第一天就戒烟成功了，他说："这里没人抽烟，我为什么要抽呢?"可见团体的力量有多么强大。要改变一种习气可能要花好几年的时间，然而一旦我们确实去做，就能停止轮回，也就是停止了许多世以来的苦与愚痴的恶性循环。

修习正念的七种奇迹，有助于我们过着快乐、健康的生活，转化痛苦，带来平静、喜悦与解脱。

第一念处——于此身中念身

佛陀在《念处经》(*Satipatthana Sutta*)[①]提出修习正念的四种对象：我们的身体、感受、心和心的对象(法)。许多佛教国家的僧众都熟记此经，当他们过世时，众人对他们念诵的也是这部经。每周至少诵念一次《念处经》，再加上《入出息念经》(*Anapanasati Sutta*)[②]、《一夜贤者经》(*Bhaddekaratta*

① 《中部》第10经，汉译佛典为《中阿含经》第98经。参见一行禅师之 *Transformation and Healing: Sutra on the Four Establishments of Mindfulness* (Berkeley: Parallax Press, 1990)，中译本《生命的转化与疗救》，宗教文化出版社，2003年。

② 《入出息念经》(《中部》，第118经)。参见一行禅师之 *Breathe! You Are Alive: Sutra on the Full Awareness of Breathing* (Berkeley: Parallax Press, 1996)。早在第三世纪，越南就有《安般守意经》，越南第一位禅修祖师康僧会曾为此经写序，现今仍收录于汉传大藏经中。

Sutta)[①]，将会很有帮助。或许你会想把这三部经放在床边，或当成旅行时的随身经典。

四念处是我们所依处的根基，少了它们，我们的房子就像废弃的空屋，无人打扫整理，我们的身体将变得污秽邋遢，感受会充满痛苦，心里积藏着一大堆烦恼。当我们真正在家时，我们的身心、感受都将会是自己与他人的庇护所。

第一念处是“于此身中念身”(mindfulness of the body in the body)。有许多人厌恶自己的身体，觉得那是一个障碍，因此想虐待它。当梅村的比丘尼吉纳(Jina)法师教导瑜伽时，一开始总会说：“让我们清楚地觉知自己的身体。吸气时，知道自己的身体正站在这里；呼气时，对自己的身体微笑。”以此方式练习，我们重新认识自己的身体，并与它和平共处。

在《身至念经》(*Kayagatasati Sutta*)[②]中，佛陀提出一些方法，帮助我们知道自己身体当下的情况。我们以非二元对立的方式观察，即使在观察身体的同时也全然住于自身中。一开始先标记自己身体的一切姿势与动作，坐时知道自己正坐着，站立、行走或躺卧时，也都知道自己正在站立、行走或躺卧，如此练习，正念就会现前，这种修行称为“纯粹的辨识”(mere recognition)。

佛陀教我们“于身念身”的第二种方法，是辨识自己身体

---

① 《一夜贤者经》(《中部》，第131经)。参见一行禅师之 *Our Appointment with Life: The Buddha's Teaching on Living in the Present* (Berkeley: Parallax Press, 1990)。

② 《中部》第119经。

从头到脚的所有部位。若头发是金色的，我们就辨识这一点，并微笑以对，若头发灰白，也同样地辨识与微笑。我们观察自己的额头是否光滑或有皱纹，以正念触及自己的鼻子、嘴巴、双臂、心脏、肺脏及血液等。佛陀描述这种辨识身体三十二个部位的修行方式，他用了一个譬喻：就如农夫爬上谷仓顶楼，取下一大袋豆子、谷物与种子，他把袋子放在地上打开，将里面所有东西都摊在地上，清楚地辨认哪些是稻谷、豆子或芝麻。以此方式，我们辨识自己的眼睛是眼睛、肺是肺……在禅坐或静卧时都可做这样的练习，如此以正念扫描全身可能需要半小时。观察身体每个部位时，我们都微笑以对，这种禅修所生的爱与关怀可以发挥治疗的效果。

佛陀就“于身念身”所提出的第三种方法，是看到构成身体的地、水、火、风四界（四种要素）[①]。“吸气时，我看见自身中的地界；呼气时，我对自己的地界微笑。”“地界”意指坚固的事物。当我们在身体内、外看见地界（译按：即“内地界”、“外地界”）就了解我们自己与宇宙之间的其余一切其实并无界限。其次，我们辨识自身内、外的水界（译按：即“内水界”、“外水界”），“吸气时，我清楚觉知自身中的水界。”我们的身体有百

① 地、水、火、风四界是色法不可分离的主要元素，这四大元素因“持有自性”，所以称为“界”。“内地界”是指身体内坚硬的部分，包括发、毛等，“外地界”是指大地；“内水界”是指身体内的水、似水的（液体）部分，包括痰、血等，“外水界”是指溪河、海洋等；“内火界”是指身体内的火、似火的（热）部分，包括因它而热者、消化食物等，“外火界”是指能燃烧的火；“内风界”是指身体内的风、似风的（气体）部分，包括腹内（外）风、入（出）息风等，“外风界”是指外在的风。

分之七十以上是水，这个事实就是我们禅修的对象。接着我们要辨识自身内、外的火界(译按：即“内火界”、“外火界”)，也就是热度，生命要存在就必须有热度。以此方式练习，我们会一再地看清自身内、外的四界属于同一实相，我们就不会再受限于身体，而能遍一切处。

身体的第四种要素是“风”。体验风界最佳的方式是修习观呼吸：“吸气时，我知道自己在吸气；呼气时，我知道自己在呼气。”说了完整的句子后，可在吸气时简略地说“吸”，呼气时说“呼”。无论吸入的气是长或短、是深或浅，都别试图控制呼吸，只是自然地呼吸，并以正念之光照耀着它。这时，我们注意到呼吸会自然而然变得比较缓慢而深入，“吸气时，我的入息变深；呼气时，我的出息变慢”。此时，我们可练习“深／慢”。我们无需费力，呼吸自然会变得深而缓，而我们也辨识这样的变化。

稍后，你可能会注意到自己变得比较平静自在，“吸气时，我感到平静；呼气时，我感到自在，不再挣扎了。平静／自在”。然后，“吸气时，我微笑；呼气时，我释放所有的忧心与焦虑。微笑／释放”。我们可对自己微笑，释放一切忧虑。我们脸上有超过三百条肌肉，知道如何吸气及微笑时，这些肌肉就能放松，这是“嘴部瑜伽”(mouth yoga)。我们微笑，并得以释放所有的感受与情绪。最后一项练习是“吸气时，我深深地安住于当下；呼气时，我知道这是美妙的一刻。当下一刻／美妙时刻”。再也没有什么比全然活在当下、全然觉知当下更珍贵的了。

吸，呼

深，慢

平静，自在

当下一刻，美妙时刻

以上这首短诗可用于坐禅或行禅中，对你会大有帮助且具有疗效，至于每一行诗所运用的时间长短，可随个人喜好调整。

另一种帮助自己觉知呼吸的练习方法是“数息”，吸气时数“1”，呼气时再次数“1”，继续往下数“2/2”、“3/3”，一直数到“10”；然后倒数，“10/10”、“9/9”，一直数到“1”。若计数时没有漏失，你就知道自己专注的程度相当不错；要是数漏了，就回到“1”，从头再数起。放轻松，这只是个游戏。当你能成功计数时，就可随意放掉数字，只要说“吸”、“呼”即可。有意识地呼吸是一种喜悦。当我发现《安般守意经》时，觉得自己是世上最快乐的人。两千六百年来一直做这些练习的团体，将这些法门传承给我们①。

第二念处——于诸受中念受

第二念处是“于诸受中念受”（mindfulness of the feelings in the feelings）。阿毘达磨的论师们列出 51 种心所，受（vedana）

① 参见一行禅师之 *Breathe! You Are Alive*。

是其中之一。我们内在有一条感受之河，其中每一滴水都是一种不同的感受。要观察自己的感受，我们只要坐在河岸，在每个感受流过而消失时清楚地辨识即可，感受可能是快乐的、苦的或不苦不乐的。当我们拥有乐受时，可能会倾向执著这种感受，有苦受时，则很可能会想去之而后快。但就这两种情形而言，比较有效的作法是回归自己的呼吸，单纯地观察现前的感受，静静地分辨它："吸气时，我知道心里有乐(苦)受；呼气时，我知道心里有乐(苦)受。"为每种感受命名，例如"喜悦"、"快乐"、"愤怒"或"悲伤"，这能帮助我们分辨、看清感受。在几分之一秒间，就有许多感受会生起。

若呼吸变得轻松平稳，这是有意识地呼吸的自然结果，我们的身、心也会慢慢地变得轻松、平静而清晰。感受也会有同样的变化，它们并非独立于我们之外而存在，也不是仅由外界的某个事物所引发。它们"就是"我们本身，在感受存在的那一刻，我们就是它们。无需因为它们而沉醉或惊恐，也不必排斥，修习不执著或不排斥感受是禅修中很重要的一部分。若以关怀、慈爱和非暴力来面对感受，就能将它们转化为健康而有益的能量。

任何一种感受生起时，正念会辨识它们，并仅仅去辨识它是什么，以及断定它是乐受、苦受或不苦不乐受。正念就如同母亲，孩子可爱时，她爱孩子，而当孩子哭泣时，她的慈爱也不曾稍减。发生于我们身心的一切都需要平等照顾，我们不挣扎，而是对感受说"嗨!"以便更深入地相互了解，那么下次当相同的感受再生起时，我们就能更平静地问候它。

我们可以拥抱自己所有的感受，即使如嗔怒这种令人难受的感受也不例外。嗔怒，是我们内在一把熊熊燃烧的火，让我们七窍生烟。嗔怒时要自我安抚："吸气时，我平息自己的嗔怒；呼气时，我照顾自己的嗔怒。"一旦母亲照顾怀中哭泣的孩子，多少能减轻孩子的难受；当我们以正念拥抱嗔怒时，立刻就能减轻自己的苦。每个人都有情绪不好的时候，若受情绪掌控，就会变得筋疲力尽。当我们不知如何照料自己的情绪时，它们就会变得更强烈，而当它们比正念的力量更强大时，我们就会受苦。倘若我们日复一日修习有意识地呼吸，正念就会成为一种习惯。别等到被某种感受完全控制住了才开始修行，那可能就太迟了。

第三念处——于心中念心

第三念处是"于心中念心"（mindfulness of the mind in the mind）。觉知心（chitta）即觉知心行（chitta samskara）。"行"（samskara）[①]是佛教的专用术语，任何组合而成的或由其他事物所构成的事物，都是"行"。一朵花是一种"行"，嗔怒是一种"行"，即心所。有些心所自始至终都存在，因此称为"遍行"

① "行"（samskara）一词在不同的地方有不同的含意：（一）行法：是指"有为法"，即因缘和合而成之法；（二）五蕴中的行蕴：是指五十个心所，与心同时生起，执行个别的作用，以认知对象；（三）十二缘起中的"行"：是指能造善、恶业的"思"心所。

（如触、作意、受、想、思），有些只在特定情况下才生起（如欲、胜解、念、定、慧）。有些令人振奋，帮助我们转化苦（善心所），其余的则是沉重的枷锁，把我们困在痛苦中（不善心所）。

有些心所有时善有时不善，例如眠、悔、寻和伺。当我们的身心需要休息时，睡眠是善的，但假如整天睡觉，那就是不善。若因为伤害了人而后悔，这样的懊悔心是善的，但如果懊悔导致罪恶感，因而影响自己未来的一切作为，那种懊悔就是不善的。当寻和伺帮助我们看清楚，它们就是善的，可是若心散乱，妄念纷飞，那种寻和伺便是不善的。

我们的意识有许多美好的层面，例如信、惭、愧、无贪、无嗔、无痴、精进、轻安、不放逸、行舍和不害。相反的，不善的心所就如混乱的线团，我们想解开纠结，却只是将乱线缠绕在自己身上，直到动弹不得为止。因为这些不善的心所会为自己与他人带来痛苦，所以有时称为“烦恼”（kleshas），有时则称为“盖”，因为它们让我们困惑而迷失方向，又因为它们如破裂的花瓶，有时也称为“有漏”。根本的不善心所包括贪、嗔、痴、慢、疑与不正见，源于这些根本烦恼的随烦恼[①]则有：忿、恨、谄[②]、恼、嫉、悭、诳、覆[③]、放逸、害、无愧、憍[④]、昏

① 随烦恼：具破坏性的障碍，属于较小的烦恼。

② 谄：心的谄曲，源于邪见，为取悦他人的心意，不表现出自己的本来状态，故意矫揉造作。

③ 覆：心的覆藏，源于贪或痴烦恼，对自己所作的罪恶，恐怕别人知道而失去利养，便以种种方法将它隐藏起来。

④ 憍：心的骄傲，源于贪烦恼，内心自举，贪着自己的一切，以为自己胜于他人。

沉、掉举[①]、不信、懈怠、无惭、失念、散乱、不正知。根据佛教唯识宗的说法，总共有51种心所，感受也包括在内。既然感受本身是第二念处，那么其他五十种心所就成为第三念处的范畴。

每当一种心所出现时，我们可练习“纯粹的辨识”。当我们处于掉举时，只要说：“我掉举。”此时正念已经现前。在未清楚辨识掉举之前，它会摆布我们，使我们不明白当下的状况，也不知背后的原因。修习心念处并不代表不起掉举，而是表示在掉举时，明白自己是掉举的。在我们的内心中，掉举有个好朋友——正念。

所有的心所都以种子的形式埋在藏识中，即使掉举还未在意识中现行，它已是埋在藏识中的一颗种子，而当我们所做的某件事灌溉了掉举的种子时，它便会在我们的意识中现行。每个现行的心所都需要辨识，若那个心所是善的，正念就会培育它，否则正念就会促使它回归藏识，暂停活动。

我们可能以为自己的掉举只属于个人，但仔细观察，就会明白它是从所处的整个社会和许多世代的祖先那里继承而来的。个人意识由集体意识所构成，而集体意识也由个人意识所构成，两者无法分割而独立。深入探察自己的个人意识时，便会触及集体意识，例如我们对美、善、快乐的观念，同时也是整个社会的观念。每年冬天，服装设计师展示来年春天的时尚，而我们透过集体意识的镜头观赏他们的创作，正因是以集体意识的

① 掉举：心的散乱，源于困扰的念头，有导致心、心所不宁静的作用。

眼光观看，我们才会购买流行服饰；相反的，深居在亚马逊河上游的人，肯定不会花同样一笔钱来购买这样的服饰，因为他们根本不认为它漂亮。从事文学创作时，我们也同时运用个人意识与集体意识。

我们常说意识不同于藏识，但藏识只不过是深层的意识而已，若仔细观察自己的种种心所，就能看见它们根植于我们的藏识中。正念帮助我们深入观察自己藏识的深处，每当 51 种心所中任何一种生起时，我们认识它的存在并深入观察，进而看到它无常与相互依存的本质。如此修习的同时，我们解脱了恐惧、伤痛和内在燃烧的怒火。当正念拥抱我们的喜悦、悲伤与其他种种心所时，我们迟早会看见它们根源的深处，随着正念中跨出的每一步、呼吸的每一口气，我们看见心所的根，正念照亮它们并促使它们转化。

第四念处——于诸法中念诸法

第四念处是“于诸法中念诸法”（mindfulness of phenomena in phenomena），“诸法”（dharmas）意指“心的种种对象”。每个心所都得有个对象，若你生气，那必定是有人或事物使你生气，它们就是你心的对象。当你回想起某人或某事时，那也是心的对象。一共有 51 种心所，所以就有 51 种心的对象。

注意倾听鸟儿唱歌，它的歌声即是心的对象；眼见蓝天时，蓝天就是心的对象。当我们注视一根蜡烛时，蜡烛的观念或影像便会在我们心中生起，在此，“想”的对象是一种“相”（lakshana）。中文里的“想”是由“相”与“心”这两个表意文字所组成，每个“想”都是一种相，即心中的一个意象。

“择法觉支”（dharma pravichaya）是七觉支（bodhyanga）[①]之一。观察诸法时，有五种禅修可帮助我们平静内心：（一）数息；（二）缘起观；（三）不净观；（四）慈悲观[②]；（五）界差别观。

什么是界差别（不同的界或领域）？首先，有十八界（dhatus），包括眼、色（视觉的对象）及造成视觉的识（可称之为“眼识”）；耳、声与耳识（与听觉相关的识）；鼻、香（气味）与鼻识（与嗅觉相关的识）；舌、味与舌识（与味觉相关的识）；身、触与身识（与触觉相关的识）；意、法（心的对象）与意识。这十八界促成宇宙的存在，若我们深入观察它们，并看到它们的本质与根源，就能超越无明与恐惧。

佛陀在《多界经》（*Bahudhatuka Sutta*）[③]中教示，我们所有的焦虑与困境都来自无能力看见事物的真正面目或真相，那表示我们虽能看见事物的表象，却无法辨识其无常与相互依存的本质。倘若我们感到害怕或不安，那么这份恐惧或不安的根源，

---

① 七觉支包括念觉支、择法觉支、精进觉支、喜觉支、轻安觉支、定觉支以及舍觉支。参见本书第三部第十章。

② 净土宗以观想阿弥陀佛（念佛观）取代慈悲观。其实，当我们观想阿弥陀佛时，正是以慈爱与悲心来观察，因为任何一尊佛都是慈爱与悲心的化身。何谓“佛随念”（Buddhanusmriti）？持诵佛的名号代表何意呢？其含意是邀请一个珍贵的人进入自家的客厅。每当佛的种子于意识中现行，那就是播下爱与智慧的种子，若请魔进门，那就不会栽种这些种子了。正念最重要的意义，就是记得我们内在的佛性。

③ 《中部》第115经。

就是我们尚未看见诸法实相。若能探究及深入观察十八界，就可转化无明，克服恐惧与不安。

尊者阿难有天在禅坐时，领会一切焦虑、恐惧与不幸的生起，都是由于我们不了解色法与心法的真实本质。稍后，他请教佛陀这样的领悟是否正确，佛陀说“是”，并首先解释洞察十八界的必要性。

阿难接着请问：“是否有可能以另一种方式洞察十八界?”佛陀回答：“有，我们可以说有六界（Six Elements）。”这六界是地、水、火、风四界（mahabhuta，四大种），加上空与识。一切色法都由这六界构成，若我们在自身、周遭观察这六界，会看到我们自己并未独立于宇宙之外。这样的洞见让我们脱离生死观念的束缚。

然后，佛陀教导阿难六界（Six Realms），亦即乐、苦、喜、忧、舍、无明。快乐有真实的或虚妄的，因此我们必须探察其本质及超越执著。真实的快乐是有益的，能让自己与他人得以成长；虚妄的快乐虽然能带来暂时的愉悦，帮助我们忘掉痛苦，但并非长久有益的，实际上反而是有害的，例如烟、酒就是如此。受苦时，若深入观察苦因，可能就会明白，导致我们痛苦的事物正是重拾快乐所必需的。其实，对快乐而言，苦是不可或缺的，要知道寒冻之苦才能享受及欣赏温暖。若深入观察喜界，我们就能看出这喜悦是真实的，或仅是掩饰痛苦与焦虑而已。焦虑，是我们这个时代的一种病症，它主要来自无法安住于当下。

“舍”是进一步的修行，可以带给我们很大的快乐。有名越南妇女搭船逃离家乡，随身携带的黄金却在公海上被洗劫一空，当时她难过得几乎要发狂，甚至想自杀，但她在岸上遇到一个连衣服都被抢光的人，这人已真正舍离了一切，所以脸上带着微笑，看到这幅景象对这位妇人帮助很大。舍离让我们自在，而自在是快乐的唯一条件。若我们心中还有恐惧、焦虑或财物等任何执著，我们就无法自在。

佛陀又教导另一组六界：欲、离欲[①]、嗔、无嗔、害、无害。假如我们深入地观察自己的贪欲，就会看到自己早已拥有渴欲的对象，因为每件事物都已是其他事物的一部分了。这样的洞见能带我们离开欲界，进入解脱界。嗔怒之火日夜在我们的心中燃烧，让我们受苦，比让我们生气的人危害更甚。当嗔怒消失时，我们感到轻松自在。安住于无害界就是慈爱，我们的世界充满仇恨、暴力，那是因为我们未花时间增长早已存在心中的爱与慈悲。无害是一种重要的修行。

此外，还有欲界、色界及无色界三界。色界与无色界描述某些禅定境界，在色界中，物质较为精微，无色界中的所有物质是极精微，而欲界中的物质则以最粗显的形态呈现，且人们也不禅修。这三界是我们的心所创造，若心中有贪欲、嗔恚、害意，我们就犹如一座火宅；若心中无贪欲、嗔恚或害意，则

① nekkhama（离欲）是巴利语。此字无对应的梵文，我们不知梵文原典使用哪个字，因为此经的梵文文献皆已散失。

能创造出凉爽清澈的莲池[①]。每当我们修习正念时，就犹如跃入那清凉的池水。站立时只要知道自己正在站立，坐下时只要知道自己正坐着，无需增删任何一物，我们只需要觉知。

最后，佛陀教导以有为（samskrita）、无为（asamskrita）二界为缘而禅修。有为界中有生死、前后、内外、小大，在无为的世界里，我们不再受制于生死、来去、前后。有为界属于历史的向度（historical dimension），它是波浪；无为界则属于究竟的向度（ultimate dimension），它是水，这两界是密不可分的[②]。

为了摆脱狭隘见解而达到解脱，以及为了获得无畏与大悲，就得修习缘起观、无常观和慈悲观。在坐禅时，要专注于某些对象相互依赖的本质。要记得，能认知的主体无法独立存在于所认知的客体之外。看，即看见某物；听，即听到某种声音；生气，必然有其对象；希望，必定有冀求的目标；思维，会有思维的内容。所知的客体不存在时，不可能有能知的主体，请深思、亲见主体与客体的相互依存。当你修习正念的呼吸时，呼吸就是心；修习身念处时，身体就是心；修习正念于外界对象时，那些对象就是心。因此，观主、客体的相互依存也是观心。心的每个对象本身都是心，在佛教里，我们将心的对象称为“诸法”。

---

① 根据《法华经·普门品》，若能正念于大悲观世音菩萨，就可把即将焚烧到身上的烈焰转化成清凉的莲池。（译按：参见《妙法莲华经》：“假使兴害意，推落大火坑，念彼观音力，火坑变成池。”《大正藏》第9册，第57c页。）

② 关于历史、究竟这两种向度（即天台宗智者大师分判的本、迹二门）的阐述，参见一行禅师作品《经王法华经》，橡实文化，2007年。

观缘起是深入观察一切诸法，目的是为了洞悉诸法的真实本质，为了将诸法视为实相之“体大”[①]的一部分，也为了看清实相之“体大”是不可分割的，无法被切割成具有各自独立自性的断片。

心的对象可以是一座山、一朵玫瑰、一轮明月，或站在面前的某个人。我们以为这些对象存在于我们之外，是各自独立的实体，其实这些“想”的对象正是我们自己。这也包括我们的感受，当我们恨某人时，我们同时也是在恨自己。我们念的对象实际上是整个宇宙；念，就是正念于色、受、想与任何一种行(心所)，以及藏识中的一切种子。四念处包含宇宙中的一切，宇宙间万事万物都是我们“想”的对象，那么就其本身而言，它们不单存在于外界，也存在于我们之内。

倘若深入观察枝头的嫩芽，我们会看见它的本质。它虽微小，却也一如大地，因为嫩芽中的树叶有天会成为大地的一部分。若我们发现宇宙中一件事物的真相，也就看见整个宇宙的本质。借由正念和深入观察，宇宙的本质自会展现，而非将自己的观念强加于宇宙的本质之上。

佛是整天保持正念的人

静坐时观照呼吸是很棒的修行，但那是不够的。为了能转

① 实相般若是万行之本，容受万品，故名为“体大”。

化，我们必须全天候修习正念，而非只在蒲团上才修行。正念即是佛，正如植物对阳光敏感，心所也很容易因为正念而产生反应。正念，是能包容、转化一切心所的能量，它帮助我们放下“颠倒想”，唤醒我们正视眼前发生的一切。当释广德比丘（Thich Quang Duc）将自己变成一支火炬时，全世界的人都意识到当时的越南是一处火坑，而他们不能袖手旁观[①]。修习正念时，我们与生命相接触，因而能付出爱与慈悲，减轻苦难，带来喜悦与幸福。

别迷失在过去与未来，别陷入自己的嗔怒、忧虑或恐惧中，回到当下，深入体会生命，这就是正念。我们无法同时正念于一切，所以必须选择觉得最有趣的事物作为正念的对象。蓝天很美妙，孩童美丽的脸庞也很棒，重要的是活着，与身边一切生命的奇迹同在。

佛陀在多次说法中谈论戒、定、慧三学，持戒就是修习正念，若不持戒，就不是在修习正念。我知道有些学禅的人以为可不用持戒而禅修，这种想法是错误的。佛教禅修的核心即是修习正念，而修习正念即是持戒，不持戒根本无法禅修[②]。

当我们修习正念时，我们会引发自己内在与周遭其他人心中的佛陀的力量，这力量足以拯救世界。所谓“佛”，就是一天二十四小时都保持正念的人，而我们只是“兼差的”佛。吸气

---

① 为了让世人知道佛教徒在越南的艰困处境，释广德参与非暴力抗争，却仍无法停止政府对佛教徒的迫害，于是 1962 年在西贡市堤岸区（Cholon）引火自焚。详见一行禅师作品《经王法华经》第十九章。

② 参见一行禅师之 *For a Future To Be Possible*。另见本书第二部第五章。

时，我们以正念的力量运用自己的佛眼看世间。当我们以自己的佛耳倾听时，便能恢复沟通，大幅减轻苦；当我们将正念的力量贯注在双手时，我们的佛手就能护卫我们所挚爱者的安全与完好无缺。

深入观察自己的手，看看其中是否有佛眼。中国、韩国、越南与日本的佛寺中，都供奉着千手观音菩萨(助人需要运用很多只手)，而其每只手掌中都有一只眼睛。手代表行动，眼睛则代表洞见与智慧。缺乏智慧，我们的行动可能会使人受苦。或许我们的动机是想让人快乐，但若少了智慧，我们做得愈多，制造的麻烦可能就会愈多。除非我们的爱来自智慧，否则就不是真爱。正念是一种力量，能将佛眼带入我们的双手。有了正念，我们便可改变世界，为许多人带来快乐。这并不抽象，每个人都有可能在日常生活中的每一刻产生正念的力量。

第四章

正语：如何深入倾听并讲说爱语

正念第四学处——正语

我觉知到，由于未正念地言谈以及缺乏倾听的能力所造成的痛苦，因此为了给人带来喜悦与快乐，并减轻他人所受的苦，我会致力于培养爱语与深入倾听的能力。我知道言词可能带来快乐或痛苦，因此我决心说话诚实，说能激发自信、喜悦与希望的话。我不传布自己不确定的消息，也不批评或谴责不确定的事。我会克制自己，绝不挑拨离间或搬弄是非，以免家庭失和或团体分裂。我决心竭尽全力化解所有大大小小的冲突对立。

这是正念第四学处[①]，它详尽地说明了“正语”。

在我们这个时代，通讯技术已变得相当精密复杂，几乎立

① 参见一行禅师之 *For a Future To Be Possible*。另见本书第二部第五章。

刻就能将讯息传到地球的另一个角落，然而在此同时，人与人之间的沟通也变得非常困难，父亲无法与子女交谈，夫妻、伙伴之间也不能沟通。沟通的管道阻塞，我们的处境非常艰困，不仅国与国之间如此，人与人之间也是如此。因此，修习正念第四学处极为重要。

正语的传统解释如下：

（一）不妄语（说话诚实）：当某件东西是绿色时，就说是绿色，不能说是紫色。

（二）不两舌：不能向彼说此，向此说彼。虽然为了帮助对方了解我们的意思，对不同的人可用不同的方式描述真相，但我们必须忠于事实。

（三）不恶口：不咆哮、不诽谤、不诅咒，不说造成痛苦或仇恨的话。即使心地善良、无意伤人的人，有时也会说溜嘴而讲出恶毒的话。我们心中有成佛的种子，也有许多束缚或结使（samyojana）[1]，当我们说出有害的话语时，往往是由于自己的习性。我们的言语有很大的影响力，会造成别人内心的情结，让人失去生活的目标，或甚至逼人自杀，我们绝不可忘记这一点。

（四）不绮语：我们不必为了让事情听起来比实际情况更好、更坏或更极端，而作不必要的夸大描述，好比说见人略有愠色，我们就别说他暴跳如雷。修习正语即是改变习惯，让自己所说的话是发自内在佛性的种子，而非来自尚未解决或不善

① “结使”又作“结”，即是烦恼。结是指系缚，因烦恼会系缚众生于生死轮回而不得出离，故有此异称。

的种子[①]。

以正思维说正语

正语的基础是正思维，言语是让思考得以发声表达的途径，一旦说出口，我们的思绪就不再属于个人私有，这时就等于是把耳机交给别人，允许他们听见我们心中正在播放的录音带。当然，会有些事是我们不愿说出口的，于是意识的某部分必须扮演编辑的角色，若认为有些话说出来会遭到批评，意识中的这名“编辑”就会审查剪裁。但有时当朋友或心理治疗师提出一个意料之外的问题时，我们就会受到诱导而说出原本想隐藏的真话。

有时心中充塞的苦楚，可能会在未经思考的媒介下发展为言语（或行动），这是因为我们的苦日积月累，到了再也无法压抑的地步，尤其是在未曾修习过正念的情况之下。发抒痛苦有可能会伤害自己与别人，但在未修习正念之前，我们可能不知自己心中有什么东西正在扩大，然后说出或写出原本不愿言明的事，连自己也不明白那些话是从哪里冒出来的。本来无意出口伤人，却仍说了伤人的话，原本一心一意只想达到和谐、谅解，却偏偏言语刻薄。

为了灌溉心中和平的种子，我们必须在行、住、坐、卧等

① 参见《杂阿含经》第785经与《中部》第785经。另见一行禅师之 *For a Future To Be Possible*。

行动中时时修习正念。有了正念，所有的念头和感受全都一目了然，且清楚每个念头对自己是有害或有益的。若继续保持正念，当念头化为言语表达出来时，我们就会知道自己正在说什么，也知道它是有用的或者会制造问题。

正念地倾听，重启沟通

深入倾听是正语的根基，倘若我们不能以正念倾听，就无法修习正语，不论说什么都不会是正念分明的，因为我们说的只是自己的想法，而非针对对方的响应。《法华经》劝人以慈眼见、闻，慈心倾听则可疗伤止痛，当行人如此倾听我们说话时，我们马上就会感到几分宽慰。好的心理治疗师总是不停地练习深入而慈悲的倾听，我们也要学习如此做，才能治好自己所爱的人，重建与他们的沟通管道。

当沟通管道被切断时，我们所有人都会感到痛苦，再也没有人听我们说话，没有人了解我们，我们成为一颗随时会爆炸的炮弹，因此恢复沟通的工作刻不容缓。有时，只要深入倾听十分钟，就能转变我们，而让我们重拾微笑。观音菩萨就是倾听世间哀嚎的人，她具有深入倾听而不加以评断或反应的特质。当我们全心全意地倾听时，很可能就拆除了一堆炸弹；倘若对方觉得我们批评他或她所说的话，他们的痛苦就得不到纾解。当心理治疗师正确倾听时，患者便有勇气说出以前一直无法对任何人开口的事。深入倾听会让说话者和倾听者双方都得到滋养。

我们许多人在自家中都已丧失了倾听及使用爱语的能力，甚至可能没有人能听进其他任何人说的话，所以就算人在家里也会感到寂寞。正因为如此，我们只得找心理治疗师，希望他们能好好听我们说话，但许多治疗师本身也有很深的苦，有时也未必能如其所愿地深入倾听。因此，若你真的爱某个人，就训练自己成为一个善于倾听的人，成为心理治疗师吧！

倘若你知道如何自我训练，成就深入而慈悲的倾听艺术，那么对挚爱的人来说，你可能会是世上最好的心理治疗师。运用爱语也是必要的，我们已丧失平静叙述的能力，动不动就会发怒，每次一开口就是尖酸刻薄的话。我们知道这是实情，我们已无法亲切和蔼地对人说话，这就是正念第四学处的训练重点。恢复和平、慈爱的关系是如此重要，若不能完成这样的训练，就无法成功地恢复和谐、爱与快乐，所以修习正念第四学处是一份珍贵的礼物。

因为丧失了平和、慈悲地倾听彼此的能力，许多家庭、夫妻及人际关系都破裂了，我们已经丧失运用平和、慈爱语言的能力，所以要重建沟通能力，正念第四学处就显得非常重要。修习此学处，成就倾听和爱语的艺术，会是很棒的一份礼物。例如，某个人可能很难过，家中却无人能静静地坐在旁边听他（或她）吐露心声，若有人能平静地坐在他身旁，全心全意倾听一小时，那么他原先的痛苦将会大幅减轻。当你极度痛苦又无人能听你倾诉时，痛苦就会一直存在。如果有人能听你倾吐，能了解你，那么只要一小时的相处，你就会感到如释重负。

慈悲地倾听

佛教徒经常会谈到观音菩萨，那是个具有非凡能力的人，可以慈悲且真诚投入地倾听。“观音”代表的是能倾听且了解世间音声（即众生在苦中哀嚎）的人，心理治疗师努力如此修习，他们满怀慈悲，静静地坐着听你说话，不评断、不批评、不谴责，也不作价值判断，只是单纯地为了帮助你减轻痛苦。当心理治疗师能如此听你说话一小时，你就会感觉好过多了。然而，心理治疗师必须修习才能永远保有慈悲、专注和深入倾听的能力，否则他们倾听的品质会相当低劣，听了一小时后，你也不会觉得有任何改善。

我们要修习正念地呼吸，这样慈悲才能在心中长存。“我正在倾听他讲话，不仅因为我想知道他心里想什么，或想给他忠告，更是因为我想减轻他的痛苦。”这就是慈悲的倾听。在整个倾听过程中要心怀慈悲，以此方式倾听就是倾听的艺术。倘若倾听过程中出现烦躁或嗔怒，你就无法继续倾听，所以一有烦躁、嗔怒生起时，你就必须修习，让自己能正念地呼吸，同时保持慈悲。借由慈悲，你才能倾听对方说的话，不论他说什么，即使他看待事情的角度有许多偏颇与不公正，或者谴责怪罪你，你都要继续安静坐着，同时正念于每个呼吸，持续心中的慈悲一小时，这就是慈悲的倾听。若能这样倾听一小时，对方心里会大为舒坦。

倘若你觉得自己无法继续如此倾听，可问对方：“亲爱的，我们可以过两天再继续吗？我自己需要充电，要先修习一段时间，才能以最好的方式听你分享。”当你状况不佳时，就无法以最好的方式来倾听。为了恢复慈悲倾听的能力，你需要更多行禅、正念的呼吸、坐禅等方面的修习。这就是修习正念第四学处，亦即训练自己心怀慈悲地倾听，这是非常重要且珍贵的礼物。

有时我们会因为嘴笨而造成别人的心结，然后还说：“我刚刚只是说实话罢了！”那也许是实话，但若我们陈述的方式导致对方不必要的痛苦，那就不是正语了。事实是要以别人可以接受的方式来表达，会造成伤害或毁灭的话不是正语。开口前，必须了解你要交谈的对象，每个字都要考虑清楚后再说出口，如此一来，你的言语无论在形式或内容上都会是“正确的”。

正念第四学处也和爱语有关，你有权对另一个人坦白心中所想的一切，条件是只能用爱语。如果你无法平静地开口，就不要当天说：“抱歉！亲爱的，我明天或后天再告诉你吧，因为我今天状态不太好，我怕会出口伤人。所以，请让我改天再跟你谈这件事。”只在自己确定能平静地运用爱语时，再开口说话，你必须训练自己做到这一点。

《法华经》中有位妙音菩萨，他能因应不同的对象，以对方的语言交谈。对需要音乐语言的人，他就使用音乐；对了解医药语言的人，他则以医药用语交谈。妙音菩萨所说的一言一语都开启了沟通之门，并帮助他人转化。我们也可效法这位菩萨，不过这需要决心与技巧。

假设张三、李四两人彼此不和，我们可到张三面前说李四的好话，然后再跟李四说张三的长处。当张三得知李四正在受苦时，他比较有机会了解、欣赏原本交恶的对方。正语的艺术需要有正见、正思维，还有正确的修行。

写信也是一种言语的形式，有时比当面对谈更安全，因为在付邮之前你还有时间阅读所写的内容。你可边读边想象对方接到此信的情景，由此决定自己所写的是否善巧、是否适当。你的信必得灌溉对方心中转化的种子，触动对方内心某处，才能称为正语。信中如有任何字句可能引起误解或不快，请马上改写。正念将告诉你，你是否以最善巧的方式来表述事实，信一旦寄出就拿不回来了，所以在寄出之前请从头到尾仔细读几遍。这封信将使寄信与收信双方都能受益。

当然，你受了苦，但对方也同样受苦。这正是写信何以是一种很好的修行方式的原因，它让你修习深入观察，只有当你确定自己已深入观察后才将信寄出。你无需责备任何人，只需要表达出你自己已经具有更深刻的了解。对方受苦是事实，光是这一点就值得你对他慈悲了。当你开始了解对方的苦，心中自然生起慈悲，所用的语言也会具有疗伤止痛的效力。慈悲，是能帮助我们与他人连结的唯一力量，无慈悲心的人永远都不可能快乐。当你对写信的对象修习深入观察时，慈悲就会生起；在生起慈悲的那一刻，即使信还未写完，你已经觉得好过一些了。信寄出后，你的心会更舒坦，因为你知道对方读了信后也会觉得好过。每个人都需要了解与接纳，而此时你能表达自己的了解，像这种方式的写信，便可重启沟通之门。

写书或写文章也可如法炮制。写作是一种深刻的修行，即使还未动笔，不论我们当下正在做什么，例如从事园艺或打扫，我们就已在意识深处构思著书或文章的内容。为了要写一本书，我们必须投入全部的生命，而不光是坐在书桌前的那段时间。当你写作时，知道自己所写的一字一句都会影响其他许多人，我们无权只发抒自己的痛苦——若那会为别人带来痛苦的话。很多书、诗词、歌曲会让人对生命失去信心，今天的年轻人戴着随身听，窝在床上聆听有害的音乐或歌曲，那样的乐曲浇灌他们心中悲痛和烦躁的种子。在修习正见与正思维时，我们要把只会浇灌痛苦种子的录音带、音乐光盘放进箱子里，从此再也不听。为了帮助我们的社会再度朝向和平、喜悦、信心的未来前进，制片人、音乐家和作家都需要修习正语。

电话禅是另一种能帮助我们培养正语的修行方法：

言语可传到千万里之外，
愿我的言语让彼此产生智慧与爱，
愿我的言语如宝石般美丽，
如花朵般可爱。[①]

也许你愿意把这首偈颂写在纸上，贴在电话旁，并在你每次拿起话筒打电话时，持诵这几行字。这首偈颂表达修习正语的决心，在你说出这些字句的同时，你的心已变得更加平和，洞见也更为清晰，对方将会听出你的声音中充满着清新、活力，

---

① 参见一行禅师文集 *Present Moment Wonderful Moment：Mindfulness Verses for Daily Living*（Berkeley：Parallax Press，1990），p.69。

你所说的话只会带给对方很大的快乐，不会造成痛苦。

修习静默，到处有奇迹

当我们的禅修更深入时，就能减少语言文字的束缚。我们若能修习静默，就可如飞鸟般自由自在，触及事物的本质。越南禅宗诸派中有位开山祖师曾写道："别问我其他任何一件事，我的本质是无言的。"[①] 要修习正念地说话，有时需要修习静默，然后才能深入观察，看清自己的见解，看清什么样的心结造成我们的思维。静默，是一段让人深入观察的时刻，有时静默即是实相，那就称为"一默如雷"[②]。孔子所说的"天何言哉?"[③] 也可表示是上天告诉我们这么多，我们却不知如何倾听。如果我们以内心的静默来倾听，每一声鸟鸣和每一阵松涛，都在对我们说话。《阿弥陀经》中说，每次风吹过宝树，就有奇迹产生，

---

① 无言通禅师（Vo Ngon Thong），卒于公元826年。（译按：无言通为唐朝僧人，从学百丈怀海禅师。公元820年至越南创立"无言通"禅派，又称"观壁派"，传授禅法，修习面壁禅观。）

② 此语出典应为《维摩诘所说经·入不二法门品》，是时维摩诘居士问诸大菩萨如何入不二法门，三十一位菩萨各自陈述后，文殊菩萨说："于一切法无言无说，无示无识，离诸问答，是为入不二法门。"言毕反问维摩诘居士，而居士默然以对。此时文殊菩萨大为赞叹，称此无有文字语言之默然为真入不二法门（《大正藏》第14册，第551c页）。因为这段经文，而有"维摩一默，其响如雷"之说。

③ 语出《论语·阳货篇》："子曰：'予欲无言。'子贡曰：'子如不言，则小子何述焉？'子曰：'天何言哉？四时行焉，百物生焉，天何言哉？'"

若仔细聆听，会听到佛陀正在宣说四圣谛、八圣道。正念帮助我们放慢速度，去倾听众鸟、树林、自心和嘴巴发出的每个字，无论我们说了善意的话或作了仓促的响应，我们都听得见自己正在说什么。

言语和思想可能杀生，我们不能以思维或言语支持杀生的行动。若所从事的工作让你无法说实话，你可能必须换工作；若工作允许你说实话，请心存感激。为了实践社会正义和非剥削的理念，我们必须使用正语。

第五章

正业：每个人要为自己的行为负责

“正业”意指身体的正确行动，这种修行是体会爱及防止伤害，也就是修习对我们自己及他人的非暴力。正业的基础是以正念去做一切事。

正业是尊重生命，停止杀害

正业和正念五学处中的第一、第二、第三及第五项关系密切[①]。正念第一学处是“尊重生命”：

> 因清楚觉知毁灭生命所造成的痛苦，所以我誓愿培养慈悲心，并学习各种方法来保护人、动物、植物与矿物的生命。我决心不杀生、不教他人杀生，也不支持在世界上或我自己的思想和生活方式中的任何杀生行为。

① 正念第四学处和正语有关。参见本书第二部第四章。

我们自以为没杀生，其实未必如此，我们每天在饮食及运用土地、空气、水等方式中都有可能杀生。对自己的行动保持正念，有助于我们的觉知力，让我们能停止杀害，展开拯救与协助的工作。

正业是促进社会正义

正念第二学处是“布施”：

因清楚觉知剥削、社会不公、偷窃、压迫等所造成的痛苦，所以我誓愿培养慈心，并学习各种方法，为人、动物、植物与矿物的福祉而努力。我会将自己的时间、精力与物资跟真正需要的人分享，借此修习布施。我决心不偷盗，也不将任何属于他人之物据为己有。我会尊重他人的财产，但也会阻止人们利用人类或地球其他生物的痛苦以获取利益的行为。

这项学处告诉我们，别只是克制自己不取不属于自己的东西或剥削别人，也激励我们，要以一种能为社会带来正义与福祉的方式生活。要学习如何简单度日，才不会过分取用物资。当我们采取某种行动以促进社会正义时，那就是正业。

正业是为自己的行为负责

正念第三学处是“性行为的责任”：

> 因清楚觉知不正当性行为所造成的痛苦，我誓愿培养责任感，并学习各种方法，保护个人、夫妇、家庭与社会的安全与完整。我决心不涉入没有爱和长期承诺的性关系。为了维护我自己和他人的幸福，我决心尊重自己的承诺和他人的承诺。我会尽一切努力保护孩童不受性侵害，防止夫妇、家庭因不正当的性行为而破裂。

寂寞不可能只靠两个肉体在一起而有所减轻，除非同时还有良好的沟通、智慧与慈悲。正念帮助我们保护自己、他人和孩童免遭更多的苦。性行为不当已造成很大的苦，为了保护家庭和个人的完整，我们要尽己所能地为自己的行为负责，同时也鼓励别人这么做。修习这项学处时，我们不仅要保护自己和所爱的人，也要保护包括儿童在内的全体人类。当正念之光照耀我们的日常生活时，我们就能稳定地遵循这项学处。

不当的性行为破坏了许多家庭，因为人们对性行为不负责任，所以产生了很大的苦。一个遭到性侵害的孩子将会痛苦一生，而那些曾经遭到性侵害的人有能力成为菩萨，帮助许许多多儿童。你的爱心不仅可以转化自己的悲痛，也可和别人分享自己的洞见，这就是正业，它能让你和周遭的人都得到解脱。当你身体力行去帮助身边的人时，也是在帮助自己。

正业是正念地饮食和消费

正念第五学处是鼓励我们正念地饮食与消费，这与四圣谛和八圣道全部都有关，但与正业的关系更为密切：

> 因清楚觉知未正念地消费所造成的苦，我誓愿修习正念地饮食与消费，借此为自己、家人与社会培养健康的身心。我只摄取能保护自己身心，以及让家庭、社会的集合体与意识获得平静、安乐及喜悦之物，其他我一概不予摄取。我决心不饮酒，不服用其他任何迷乱神志之物，也不摄取含有毒素的食物或事物，例如某些电视节目、杂志、书籍、影片和谈话。我很清楚以这些毒素来残害身心，就是背叛自己的祖先、父母、社会与未来的子孙。我会为自己与社会采用适当的饮食，借此努力转化自己内在与社会中的暴力、恐惧、愤怒、迷惑，我知道饮食适当对自我与社会的转化都极为重要。

正业，表示只将安全、健康的食物带入身心中。我们为了自己、家庭与社会而正念地饮食，不吃会引发体内毒素的东西，不喝酒也不嗑药。我们正念地消费，所有的人才能生活得幸福。正念地消费，是要保护我们的身心，以免摄入毒素。有些电视节目、书籍、杂志及交谈，有可能将暴力、恐惧和绝望带入我们的意识中，所以我们必须正念地消费，以保护自己的身心以及家庭和社会的集体意识。

当我们力行不饮酒时，就是保护自己、家人和社会。伦敦有位女士告诉我："过去20年来，我一向每周喝两杯酒，那不曾对我造成任何伤害，所以我为何要戒除这个习惯呢？"我说："两杯酒的确伤不了你，可是你确定那不会伤害你的孩子吗？你内在可能没有酗酒的种子，可是谁知道你的子女是否具有酗酒的种子？倘若你能戒酒，那不只是为你自己，也是为了孩子和社会。"她了解了，翌日早晨就正式接受正念五学处（受持五戒）。这是菩萨行，这么做不单为自己，更是为了每个人。

法国卫生部建议民众不要饮酒过量，他们在电视上广告："小酌一杯无伤，三杯就招祸。"他们要民众饮酒有所节制，但如果没有开头的第一杯酒，怎么会有第三杯呢？最高级的保护形式就是不起头喝第一杯酒，若能克制自己不喝第一杯酒，你不仅是在保护自己，也同时保护所有人。当我们正念地饮食时，不仅可以保护自己的身心，也能保护家庭、社会的共同体与集体意识。如果没有修习第五学处，我们如何能转变当前社会的困境？我们消费愈多，就愈感到痛苦，也让社会愈痛苦。正念地消费似乎是脱离目前状况的唯一途径，唯有这条路，才能让我们的身心、社会共同体和集体意识不再继续毁灭。

当我们深入地观察时，可以看见正念五学处和八圣道相互依存的本质。我们运用正念看清自己的饮食和消费是否是正业，当我们修习正念第五学处时，正见、正思维和正语也都会现前。因此，正念五学处与八圣道各支彼此融摄，尤其是正业。

正业的基础即正念

正业以正见、正思维和正语为基础，且和正命密切相关。那些依靠制造武器、剥夺他人生存机会、毁灭环境、剥削自然或人类或制造毒素以谋生的人，可能赚了很多钱，但他们所从事的是错误的谋生方式(邪命)，我们必须正念地保护自己不受他们错误行为的影响。若无正见与正思维，也不修习正语和正命，那么即使我们自认为正努力往平静、觉悟的方向前进，这些努力也可能是错误的行动。

一个好的老师只需观察学生走路或叩钟，就知道这个学生修习了多久。你观察他的正业，就能看到包含在其中的一切。如此深入地观察八圣道中的任何要素，你就能测度这个人在整个修道上的修证程度。

要修习正业，有许多事可做，我们可以保护生命、修习布施、做事负责任及正念地消费。正业的基础即正念。

第六章

正精进：修行必须明智，切勿盲目

正精进与邪精进

正精进或正勤，是有助于我们体证八圣道的一种能量。倘若我们汲汲于财物、性或食物，那是邪精进(错误的精进)。若整天不停地为名利奋斗，或努力逃离自身的苦，也是错误的精进。表面上看来，我们似乎是精进的，但这不是正精进。禅修也是如此，表面看来我们似乎精进于修行，但若这种修行让人更加远离现实或所爱的人，那就是邪精进。如果我们因为坐禅或行禅方式不当，而让自己的身心受苦，此时的精进就不是正精进，也非以正见为基础。修行必须明智，以对佛法的正确理解为根基，不是你很努力地修行，就能宣称是在修习正精进。

中国唐朝时，有位比丘夜以继日地坐禅，十分勤奋，自以为比其他人都要精进，而为此深感自豪。他日夜如岩石般地禅坐，但他的苦依然未能转化。有一天，有位禅师[①]问他："你为

① 即怀让大师(677—744)。

何如此努力地禅坐?”他回答:“为了成佛!”禅师拿起一块砖头开始磨了起来,比丘问禅师:“师父,您在做什么?”禅师回道:“我要磨砖成镜。”比丘很疑惑:“您怎么可能把砖块变成镜子呢?”禅师回应:“那你又怎么可能靠坐禅而成佛呢?”

修习四正勤,断恶修善

与正精进有关的修行通常有四种:(一)防止藏识中潜藏的不善种子生起;(二)让已生起的不善种子重回藏识;(三)设法灌溉藏识中潜藏的善种;(四)助长已生起的善种,好让它们停留在意识层,变得更强而有力。这四种修行称为“四正勤”。

“不善”意味着无益于解脱或正道。藏识中有许多种子对于自我转化一无帮助,它们若获得水分就会茁壮。当贪、嗔、无明、邪见生起时,若能以正念拥抱,它们迟早会丧失力量,回归藏识。

当善种潜藏而尚未生起时,我们若能加以灌溉,有助于它们出现在意识层中。这些快乐、慈爱、忠诚与和谐的种子需要每天浇水,倘若我们浇灌这些善种,就会感到快乐,这也会促使它们延续更长的时间。让善心所停留在意识层,这就是四正勤中的第四种练习。

喜悦和兴趣可以滋养四正勤,倘若修行没有为你带来一丝喜悦,可以知道你的修行并不正确。

佛陀曾问苏那比丘（Sona）[①]："你出家前是否真的是乐师？"苏那称是，佛陀又问："若琴弦太松，会发生什么事？"

苏那回答："弹拨琴弦时会发不出声音。"

"那太紧呢？"

"琴弦会断。"

"修道也是如此。"佛陀说："保持身体健康，心怀喜悦，别过分勉强自己。"[②]

我们必须知道自己生理与心理的极限，不应强迫自己修苦行，也不应该迷失在感官欲乐中。正精进位于中道上，是介于苦行和纵情欲乐两个极端之间。

感受喜悦，自发精进

七觉支[③]的教示也是正精进修行的一部分。"喜"是觉支之一，也是正精进的核心，"轻安"也是正精进不可或缺的觉支之一。其实，不仅是正精进，正念和正定也需要喜及轻安。正精进并不代表我们需要强迫自己，若有喜悦、轻安和兴趣，我们自然会努力精进。倘若觉得禅修愉快又有趣，当我们听到要去

① 苏那（Sona）比丘，亦名"首楼那亿耳"，一般认为他出生于印度西海岸一个称为阿波兰多（Aparanta）的国家。

② *Vinaya Mahavagga Khuddaka Nikaya* 5。（译按：此处佛陀与苏那比丘的对话应出自于《增支部・六品》第55经《苏那经》。）

③ 七觉支是念、择法、精进、喜、轻安、定和舍。参见本书第三部第十章。

行禅或坐禅的钟声时，就自然会有参加禅修的力量。假如你没力气参加坐禅或行禅，那是因为这些修行并未为你带来喜悦或转化，或者是你尚未见到修行的好处。

当我想成为沙弥时，家人都认为出家生活对我来说太辛苦了，但我知道唯有走这条路才会快乐，于是我相当坚持。当我终于成为沙弥时，觉得自己就像天上的小鸟般快乐自在。诵经的时刻一到，我的感觉就像应邀参加音乐会一般，有时在明月高挂的夜晚，出家众会站在新月形的池畔诵经，那时的我仿佛置身天堂，聆听着天籁。若是我有其他任务而无法参加早课时，只要听到大殿传来唱诵《楞严经》词句的声音，同样会心生快乐。慈孝寺（Tu Hieu Pagoda）里的每个人都喜悦、勤奋又兴致高昂地修行，没有勉强，只有师长与师兄弟的慈爱和扶持。

在梅村，儿童也参与坐禅及行禅，还有静默地用餐。刚开始时，他们只是为了要和正在修行的朋友共处，但在亲自体会禅修的平静及喜悦后，他们就自动自发地持续下去。有时成人要花四五年的时间修那种表面的形式，才能尝到真正的修行之乐。沩山大师曾说："时光淹忽，岁月蹉跎。"[①] 谁能一生致力于修行，谁就有机会接近修行的老师与道友，拥有能带来无上快乐的千载难逢的机会。若我们缺乏正精进，那是因为我们尚未发现自己真正的修行方式，或者尚未深刻感受到修行的必要。正念的生活会很美妙。

---

① 摘自"Encouraging Words"，一行禅师之 *Stepping into Freedom: An Introduction to Buddhist Monastic Training*（Berkeley: Parallax Press，1977），p.89-97。沩山（771—853）是唐代伟大禅师之一。

晨醒即微笑，
良辰在眼前。
过好每一刻，
慈眼视众生。[①]

持诵这首偈能带给我们力量，好好度过这一天。二十四小时是盛满珍宝的宝盒，若虚度这些时刻，就是浪费自己的生命。修行，就是一醒来面带微笑，将这一天视为修行的一个机会，是否要浪费光阴就看我们自己了。当我们以爱与慈悲之眼看待一切众生时，感觉会很棒，而拥有正念的力量，洗碗、扫地或坐禅、行禅都会更加珍贵。

转化苦为慈悲，即正精进

苦能驱策我们去修行，当我们处于焦虑或悲伤中，明白这些修行能纾解苦时，我们就会想要继续修行。要精进努力，才能深入地探究苦，并看清苦因，这样的洞见将会引导我们明了如何终结自己的苦，以及灭苦所需之道。当我们拥抱自身的苦时，便可看见苦的根源，以及了知因为有灭苦之道才有可能灭苦，而这一切的核心就是我们的苦。当我们深入观察堆肥时，

① 参见一行禅师之 *Present Moment Wonderful Moment*，p.3。

我们会看见鲜花；观察火海时，也会看到莲花。拥抱苦而非逃避，正是引导我们达到解脱的道路。

我们不必直接对抗自己的苦，有时可以允许苦蛰伏在藏识中，而我们正好借此机会，以正念接触自己内在和周遭一些清新且具有疗伤止痛的要素，这些要素就像抗体处理入侵血液中的异物一样，可以处理我们的痛。当不善的种子生起时，我们必须好好处理，而在它们潜伏未发时，我们要做的是让它们在心识的底层安眠及转化。

我们以正见看清自己应走的路，而此正见能激发起信心与力量。倘若行禅一小时后觉得有所改善，我们就有决心继续修行，而当我们看到行禅如何带给他人平静时，我们对修行的信心也会大增。只要有耐心，就能发现身边随处可见的生之喜悦，力量、兴趣和精进也会随之增进。

修习正念的生活应该是愉快而喜悦的。倘若你每个呼吸都感到喜悦、平静，那就是正精进。如果你压抑自己，而在修行中感到痛苦，那可能就不是正精进。检视自己的修行，看看是什么因素让你持续地快乐与喜悦。试着找一个共修团体一起同修，团体中的兄弟姊妹会共同创造一个正念能量的磁场，让你更容易修行。在老师与道友的陪同下，努力将自己的苦转化为慈悲、平静和智慧，同时还保有喜悦与自在。那才是正精进。

第七章

正定：让自己深刻地活在当下

以正定培养专一的心

修习正定便是培养专一的心。“定”字面上的意义是“等持”[①]，既不过高，也不过低，不过于掉举，也不过于昏沉。另一个表示“定”的汉译词是“正心行处”[②]。

定有两种：历境随缘修定（active concentration）与系心一境修定（selective concentration）。在历境随缘修定时，即使事物正在转变，心依然能安住于当下发生的一切事上。以下这首禅诗[③]描述这种定：

风来疏竹，

① “等”是均等、平等，“持”是安止、保持，“等持”是指心远离昏沉、掉举，平等正住，安止于一境而不散乱的状态。

② 因正心所起的正行，合于法的依处，所以称为“正心行处”。

③ 此诗为越南禅师香海（Huong Hai，1628—1715）所作（译按：文中所引诗句是依英文所译）。

风止而舞竹自停。

风来时，绿竹迎接风的到来，风离去，绿竹亦不挽留。诗中接着说：

雁过秋湖，

雁去而湖不留影。

当大雁飞越时，湖面清楚映现其倒影；在它飞过后，湖面同样清楚地映现天空和云彩。在历境随缘修定时，无论出现什么，我们一律欢迎，不考虑也不渴求其他任何事物，只是以全部的生命安住于当下。不论出现什么，就如此呈现在眼前，而当我们专注的对象消失了，心依然保持清明，就如平静无波的湖水。

在系心一境修定时，我们选择某个对象并持守不放，无论共修或自修，在坐禅与行禅时都如此修习。我们很清楚有蓝天、鸟儿，但将注意力只集中在选定的对象上。若专注的对象是一道数学题，我们就不要看电视或打电话。放下其他一切，只专注在这个对象上。当我们开车时，车上所有乘客的生命都仰赖我们的专注。

我们不以定来逃避苦，禅修是为了让自己深刻地活在当下。当我们在专注中行走、站立或坐着时，别人就可看到我们的安稳与寂静。一旦深入度过每一刻，定自然会持续，而持续的定将引生洞见。

正定引生快乐，也会引生正业。我们的定力愈强，生活质量愈提升。在越南，母亲经常告诫女儿，若她们专注就会变得更美丽，这种美来自深深地安住于当下，而当年轻女孩漫不经心地走路时，看起来就没那么清新可人或从容自在。做母亲的也许不是使用这些字眼，但她们鼓励女儿所做的其实就是修习正定。可惜的是，她们并未要求儿子同样如此做，其实每个人都需要定。

修习九次第定，转识成智

禅定有九个次第，前四个次第即是四种禅，这些是色界定，其余五个次第属于无色界。修习初禅时我们仍有思维，但在其余八个次第，思维被其他力量所取代了。其他宗教传统也修无色定，但佛教以外的传统修无色定的目的，通常是为了逃避苦，而非为了洞见苦后所体证的解脱。当你借由禅定来逃避自己或自身的处境时，那就是邪定(错误的定)，有时我们需要逃离自己的问题而喘口气，但总有一天仍得回头面对它们。世间定试图逃避苦，而出世间定则以圆满的解脱为目标。

修习三昧(samadhi，定)，就是深刻地度过活着的每一刻。三昧的意思就是定，为了得到定，我们必须保持正念，全然地活在当下，清楚了知此刻发生的一切，换句话说，正念带来定。当你进入深定时，你“融入”当下，你“就是”当下，因此三昧有时英译为 absorption (专心一志)。正念与正定提升我们，让我们超越感官欲乐和贪欲，而发现自己变得更轻安、快乐，我们的世界不再是粗劣沉重的欲界，而是物质精细的色界。

色界共有四种禅，透过这四个次第，念、定、喜、乐、轻安与舍都会增长。第四禅之后，修行者进入更深一层的四无色定的禅定经验，而有能力深入洞见实相。在此阶段，欲贪和物质显露出虚幻的本质，不再成为障碍，修行者开始看见现象界无常、无我与相互依存的本质，地、水、火、风、空间、时间、无所有与想都相互依存，无一物能独立存在。

第五次第定的对象是无限的空间(空无边处)。当我们开始修习此定之时，一切似乎都是空间，但更深入修习时，我们明了空间由“非空间的因素”(non-space elements)所组成，且只存在于如地、水、火、风、识一类的“非空间的因素”之中。因为空间只是构成物质的六界之一，所以我们知道它不具有独立的存在。根据佛陀的教导，没有任何一物具有独立的自我，因此空间和其他一切是相互依存的，也与地、水、火、风、识等其他五界相互依存。

第六次第定的对象是无限的意识(识无边处)。起初，我们只看见意识，但接着明了意识也是地、水、火、风、空间，上述关于空间的认识也适用于意识。

第七次第定的对象是无所有(无所有处)。我们以一般的“想”看见花、水果、茶壶与桌子，并以为它们各自分离而独立存在。然而，更深入观察时，我们看见水果存在于花中，而花、云、大地也存在于水果中。我们超越表象或相，达到“无相”的境地。一开始，我们认为自己的家人彼此独立，但后来会看到家人彼此包含，就因为我是我现在这个样子，所以你是你现在那个模样。我们看见人与人之间密切的关联，并超越外相。过去我们总以为宇宙包含好几百万个独立的个体，而现在我们了解“诸相非相”（the non-existence of signs）。

第八次第定是非想非非想处定。我们认识到一切都是由自己的“想”(感知)所创造，而“想”至少有部分是错误的。因此，我们明了自己无法依赖旧有的感知方式，我们想要与实相直接接触，虽然无法完全停止“想”，但此时我们至少知道“想”是感知某个外相。当我们不再相信外相的真实性时，我们的“想”就变成智慧。我们超越诸相（no perception，“无想”），但不是变得无感知（no non-perception，“非无想”）。

第九次第定称为“灭”(灭受想定)。“灭”在此意指息灭我们“想”与“受”中的无明，而非息灭“想”与“受”，观慧(洞儿)便是从灭受想定中生起。诗人阮攸（Nguyen Du）[①]曾说：“一旦我们用眼睛看，用耳朵听，就让自己置身于苦之中。”我们渴望处于定中，在那里一切既看不见也听不到，那是个无感知的世界，我们但愿自己变成一株松树，让风在枝丫间低吟，因为我们相信松树是没有苦的。想要寻求一块无苦的乐土，这种愿望是很自然的。

在“无想”的世界里，第七末那识（manas）与第八阿赖耶识（alaya，或藏识）依旧继续运作，而我们的无明与结使原封不动地留在藏识里，且于末那识现行。第七末那识是愚痴的

---

① 阮攸（Nguyen Du，1765—1820），越南诗人及作家，长篇叙事诗《金云翘传》为其名作之一，奠定他在越南文坛的地位。

力量，它创造我见（相信自我存在的信念），区辨自、他。因为无想定[1]并未转变修行者的习气，因此当修行者出定时，他们的苦依然故我。然而等他们到达阿罗汉境界的第九次第灭尽定时，末那识会得到转变，而藏识中的结使也得以净化。结使中最严重的莫过于无明，亦即不知无常、无我之实相，这种无明导致贪、嗔、痴、慢、疑、邪见，而这些烦恼又共同制造一场称为“末那识”的意识之战——末那识总是区辨自我与他人。

当有人修行得很好时，第九次第定会发光，照亮事物的实相并转化无明。以往通常会让人陷入“我”与“非我”之别的种子都已转化，阿赖耶识解脱末那识的掌控，而末那识也不再有制造自我的作用。末那识变成“平等性智”，能照见事物相互依存、彼此交织的本质，也明了其他的生命和自己的生命同等珍贵，再也无自他之别。当末那识失去对藏识的掌控时，藏识就变成“大圆镜智”，能映照宇宙万物。

第六意识得到转化时，就称为“妙观察智”，当意识转化为智慧后，仍会继续观察种种现象，但观察的方式不同于以往，因为此时意识能察觉一切对象相互依存的本质，在生、死、来、去等现象的“异”中看到“一”，而不会陷于无明。前五识则成为“成所作智”，先前造成我们痛苦的眼、耳、鼻、舌、身，现在都变成带领我们进入自性花园中的奇迹。如此，意识所有层

---

① 无想定与灭受想定不同，前者依色界第四禅而修，修行者特重厌离想而不重于受，能灭第六识分别之见，不能灭第七识执我之见。至于“灭受想定”则依无色界非想非非想处地而修，厌离受与想两者，能灭第六识分别之见与第七识执我之见。

次的转化就称为“四智”，由于禅修，我们错误的“识”与“想”都已转化。在第九次第定，八识都在运作，“想”与“受”也依然存在，但已有别于以往，因为都已解脱无明的束缚[1]。

接触究竟向度，与佛同行

佛陀教导许多禅修的方法。例如要修习无常观，每次看着自己的挚爱时，要将对方视为无常，并在当天尽力让对方快乐。若你认为他恒常不变，那么你或许也会以为对方不会改善，但洞见无常会让你免于陷入贪爱、执著、绝望的痛苦中。要以此洞见观看及听闻一切。

为了修习无我观，你要触及所接触的一切事物中相互依存的本质，那会带给你很大的平静与喜悦而避免受苦。修习涅槃观则会帮助你触及实相的究竟向度，且将你安立在无生无死之地。无常观、无我观与涅槃观就够让我们修习一辈子，事实上，这三种观是一体的，若你深入触及无常的本质，也就同时触及无我(相互依存)与涅槃的本质。一定就包含了所有的定，你无需尝试一切。

大乘佛教中有其他数百种禅修方法，例如楞严三昧、法华三昧与华严三昧。每种定都是妙法且都很重要。根据《法华经》所说，我们必须同时活在实相的历史向度与究竟向度之中。我

① 关于这一点，详见本书第三部第十一章。

们必须将生命视为海浪般地深入活着，才能触及自己内在之水的本质，而能以一种让自己接触到实相绝对向度的方式，去走路、观看、呼吸和饮食。如此，我们就可超越生死，也超越对于有与无、一与异的恐惧。

不是只有灵鹫山才可以找到佛陀。假设你从收音机听到消息，得知佛陀即将重现灵鹫山，且邀请大家一起在那里行禅，于是所有飞往印度的机位都销售一空了，你可能因此感到沮丧，因为你也想去。即使你有幸能够预订到一个机位，但还是享受不到与佛陀共同行禅之乐，因为当场会有很多人，而且其中大部分都不晓得如何修习观呼吸，也不晓得如何在步行中安住于当下，那么，到那里去又有什么用呢？

深入地观察自己的动机：你想飞越半个地球到印度去，是否是为了日后好炫耀自己曾见过佛陀一面？很多人想做的不过是如此而已，他们到达圣地，却无法活在当下，在那里参观片刻后，就急忙赶往下一个地点。他们以拍照证明自己曾到此一游，然后便急着返家，把照片拿给朋友看："当时我在场，有照片为证，站在佛陀身边的就是我。"这是想去灵鹫山的许多人心中的渴望。他们不可能与佛陀一起行禅，并活在当下，他们只想说："当时我在场，站在佛陀身边的就是我。"然而，这并非实情，他们并不在场，照片中的人也不是佛陀。"在场"只是一种概念，而你看见的佛陀也不过是个表象，即使用非常昂贵的相机也无法拍摄真正的佛陀。

倘若你没有机会飞往印度，请你在家中修习行禅，那么你就能在行禅时真正握住佛陀的手。只要步步安详、喜乐，佛陀就与你同行。飞到印度又带着与佛陀合照回来的人，不曾看见真正的佛陀。你拥有的是实相，而他只拥有表象。别为了找机会拍照而四处奔波，佛陀随处可见，要接触真正的佛陀，就与他携手行禅。当你接触到究竟向度时，你就是与佛同行。波浪无需消逝以变成水，它本身已是水，这就是法华三昧。深刻地度过生命中的每一刻，那么在步行、饮食、仰观晨星的同时，你已触及究竟的向度。

第八章

正命：选择我们的谋生之道

符合慈悲的谋生之道

要修习正命，必须找出一种不违背自己的爱与慈悲理想的谋生方式。我们的谋生之道可能是最深层自我的表达，也可能是造成自、他痛苦的根源。

经典通常将“正命”定义为不违反“正念五学处”而谋生，即不贩卖武器、人口、肉品、酒类、迷幻药或毒品，也不作预言或算命。比丘、比丘尼则必须谨慎，不可对在家居士过分要求医药、食物、衣服、住处等四项资具，日常生活中使用的资具也不可超过基本需求。

当我们时时觉察，就会尽力从事对人类、动植物、地球有益的职业，或至少将伤害减到最低。在我们身处的社会中，有时工作很难找，但若我们的工作涉及伤害生命，就应该想办法换工作。我们的职业可能助长自己的智慧与慈悲，也可能腐蚀它们，所以应清楚了解自己的谋生方式造成的直接后果与远程的影响。许多现代工业危害人类与大自然，即使食物的生产过程也是如此，例如化学制造的杀虫剂和肥料可能对环境造成很大的伤害。但对农民来说，修习正命是有困难的，他们如果不使用化学药品，可能就很难与别人做商业性竞争。这只是例子之一。

当你在从事自己的工作或做生意时，请遵守“正念五学处”，凡是涉及杀生、偷盗、邪淫、妄语或贩卖酒类与毒品等工作，都不是正命。若你的公司会污染河川或空气，在这种公司工作就不是正命；制造武器或利用别人的迷信来牟利，也不是正命。人们有各种迷信，例如相信命运就封藏于星座或自己的手掌中，而事实上，没有人能确定未来会发生什么事。但借着修习正念，我们可以转变占星家所预测的命运。此外，预言也可能是因为你预期它会成真而应验。

创作或表演艺术也是一种谋生方式。作曲家、作家、画家或表演者，都会对社会集体意识造成影响。任何一件艺术品，在很大程度上是集体意识的产物。因此，每位艺术家都需要修习正念，好让接触到他们艺术品的人因其创作而修习正确的作意。

从前有个年轻人想画莲花，于是到某位大师那里当学徒，大师带他到莲池边，邀他一起坐下。日正当中时，年轻人看到莲花盛开，直到向晚时，又看着它们合拢为花苞。隔天早上，他同样从早到晚观察莲花。当一朵莲花凋萎，花瓣落入池中时，他就看着花茎、花蕊与其他残存的部分，然后才接着观看其他的莲花。如此持续十天，到了第十一天，大师问他：“你准备好了吗?”年轻人回答：“我愿试试看。”于是，大师给他一支画笔。虽然年轻人的笔法单纯稚气，但他笔下的莲花却非常美丽，因为他已变成莲花，他的画发自于整个生命。你能看出他技巧稚拙，但画中却有深刻的美感。

正命是我们的共业

正命不仅仅是个人的事，那也是我们的共业。假设我是学校的老师，相信助长孩子心中的慈爱与智慧是一份美好的职业，若有人要我转行，比如说当个屠夫，我就会拒绝。但当我深思万物彼此之间息息相关时，我就会明了屠夫不是唯一要对杀生负责的人。我们或许以为屠夫的职业是邪命，而我们的职业是正命，可是假如我们不吃肉，他们也就不必杀生。正命是大家共同的事，每个人的职业都会影响到其他任何人。屠夫的孩子可能从我们的教导中获益，而我们的孩子由于肉食而分担到屠夫生计的部分责任。

假设有个牧场主人以养牛卖肉维生，他现在想受持“正念五学处”，想知道自己能否受持其中第一条护生的戒律。他觉得为了牛群的健康，已提供牲口最好的生存环境，甚至自营屠宰场，杀牛时才不会有不必要的残酷行为加诸在它们身上。他从父亲那儿继承了这座牧场，况且他还有个家庭要养。这真是进退两难，他该怎么办呢？他的意图是良善的，但他却继承了祖先的产业与习性，每次宰杀一头牛，他的藏识中就留下一个印象，那样的印象会在他梦中、禅修时或临终时再度现前。在牛只生前他如此妥善地照顾它们，这是正命。他想要善待牛，但同时也想获得固定的收入，以使自己与家人的生活获得保障。

他应该继续深入地观察，并与当地的共修团体一起修习正念。当他的洞见加深时，自然会找到方法，让自己走出这种为营生而杀生的情况。

我们的一切作为都会为自己努力修习正命而贡献力量。正命，不仅仅是赚取薪资的方式而已。我们无法成功地完全拥有正命，却可以下决心朝慈悲与减轻苦的方向前进，也可下决心帮助创造出一个正命多于邪命的社会。

例如，有好几百万人以军火业维生，直接或间接制造传统武器与核武器。美国、俄国、法国、英国和德国都是这些武器的主要供应者，武器销往第三世界国家，但在这些国家中，人们需要的不是枪炮弹药而是食物。制造或贩卖武器都不是正命，可是对于这种情况，无论是政治人物、经济学家或消费者，我们每个人都有责任。我们尚未就这个问题发展出一个令人瞩目的全国性辩论，我们必须更进一步地讨论这个问题，必须不断创造新的工作机会，让大家都不必仰赖军火制造的收益过活。若你的工作能帮助你实现慈悲的理想，要感恩，同时，请努力正念地过简单、明智的生活，借此协助创造他人有正当工作的机会。尽你所有力量，努力改善当前的情况。

修习正命即修习正念

修习正命就意味着修习正念。每次电话响时，就把它当成正念的钟声，停下手边的工作，有意识地呼吸，然后去接电话，这样你回电话的方式就体现了正命。我们必须讨论如何在工作场所中修习正念与正命。当我们听到电话响起时，或拿起话筒准备拨号前，我们是否在呼吸？我们照顾其他人时，是否面带微笑？当我们从一个会议场所走到另一个会议场所时，是否步步正念分明？我们是否修习正语？在数小时的辛勤工作后，我们是否练习深度且全然的放松？我们的生活方式是否鼓舞每个人都能平静、喜悦，并鼓舞每个人拥有一个趋近平静、喜悦的工作？这些都是极为实际且重要的问题。鼓励人们以这种思考与行动的方式工作，并以助长慈悲这个理想的方式工作，那就是修习正命。

倘若有人从事让众生受苦与欺压他人的职业，那么这样的工作会污染他的意识，犹如我们污染了自己也必须呼吸的空气一般。许多人凭借邪命而致富，然后前往寺庙或教堂捐献布施。这样的布施大多是出于恐惧与罪恶感，而非来自想为他人带来快乐或帮助减轻他人苦难的愿望。当寺庙或教堂接受大笔捐款时，负责接受款项者必须了解这一点，并尽全力让布施者知道如何走出邪命之道，帮助他们转化，而这种人最需要的莫过于佛陀的教导。

依“正念五学处”而修行

研究、修习八圣道时，我们看到其中每个要素都被包含在其他七项要素之中，也看到每项要素都包含苦、集与灭三圣谛。

修习第一圣谛时，我们辨识自己所遭受的苦，并指出其各自的名称，例如沮丧、焦虑、恐惧或不安。然后我们直接透视此苦，以发现其根源，这就是修习第二圣谛。这两项修习包含八圣道的前两项，即正见与正思维。每个人都想逃离苦，但此时因为修习八圣道，让我们拥有直接面对苦的勇气，以正念与正定勇敢地看着自己的苦，这种清楚地向我们显示苦因的深入观察，就是正见。它显示我们的苦并非源自一个苦因，而是源自重重的因缘(原因与条件)，例如遗传自父母、祖父母、祖先的种子，以及心中受到朋友与国家政治经济形势所灌溉的种子，还有许多其他的因缘。

现在是该有所行动以纾解痛苦的时候了。一旦我们知道什么是滋长痛苦的养分，就会设法停止摄取，不论那是粗抟食、触食、思食或识食。我们的作法是修习正语、正业与正命，同时要记得正语也代表深入倾听。要修习这三点，我们以“正念五学处”为引导，依据它来修行，就会看到自己是以正念在说话、行动或谋生。正念让我们知道自己何时言谈有违正语，或何时行动有违正业。当正念连同正精进一起修习时，正定很容易跟着出现，并引生洞见或正见。事实上，只修习八圣道其中之一，而不修习其他七项要素，这是不可能的，这就是相互依存的本质，也适用于佛陀的一切教导。

Chapter 3

第三部
基础佛法：进入佛典世界的钥匙

佛陀不是企图解释宇宙的哲学家，他是心灵向导，想要帮助我们终结苦难。佛陀的教法并非要逃避人生，而是要帮助我们尽可能彻底地和自己、世间联系起来。

第一章

二谛：世俗真理与终极真理

佛教认为真理（谛）有两种——世俗谛（samvriti satya，相对的或世间的真理）与胜义谛（paramartha satya，绝对的真理）。我们透过世俗谛进入修行之门，而辨认出乐与苦的存在，也以增长乐为目标而努力前进。我们每天都朝着此目标步步迈进，终有一天将能体会苦、乐“不二”的真相。

舍弃娑婆则无涅槃

有首越南诗歌写道：

人们不断地谈论自己的苦乐，
然而，有何可苦？有何可乐？
源于感官享受之乐总会导致苦，
而修行佛道时所受之苦总带来喜悦。
有乐必有苦，
若求无苦，必须接受无乐。

这首诗试图不走世俗谛之道，而直接契入胜义谛。许多人以为，为了避免苦，就得放弃乐，且将之称为“超越苦乐”，但这是错误的。假如你辨识并接受自己的苦而不逃避，便会发现尽管苦存在，但乐也同时存在。未曾经历相对的乐，在面对绝对的乐时，就会手足无措。别陷入理论或观念中，譬如说“苦是虚妄的”，或说“我们必须‘超越’苦、乐”。只要与当下真正发生的一切保持接触，你将会触及苦与乐的真正本质。头痛时说自己的头痛是虚幻的，这就不正确了。要让苦消失，你必须承认它的存在，并了解其成因。

我们透过解门（知识之门）而进入行门（修行之门），也许由于一场佛法开示或一本书，只要我们持续在佛道上前进，苦就会逐渐地减少，但到达某一点时，我们所有的概念与想法都必须诉诸实际的经验，因为言语和观念唯有在付诸实践时才有用处。当我们停止讨论，开始在生活中证悟佛法时，最后我们终将体会自己的生活即是道，便不再仅仅依赖修行的外在形式，我们的行动变成“非行动”（non-action）[①]，修行成为“非修行”（non-practice），我们已跨越了界线，修行不会再退转，我们无需超越娑婆世界以到达所谓“涅槃”的清净无垢之地。苦与涅槃具有相同的本质，假如我们舍弃娑婆世界则无涅槃。

① 有关“非行动”与“非修行”，参见本书第 42 页注③。

体会相互依存，调和二谛

在《转法轮经》中，佛陀宣说苦、集、灭、道四圣谛，然而在《心经》里观世音菩萨告诉我们“无苦、集、灭、道”[①]。这不是自相矛盾吗？不是的，佛陀是从世俗谛的角度来说，观世音菩萨则从胜义谛的角度来教导。当观音菩萨说“无苦”时，他的意思是苦完全由“非苦”所构成[②]。你受苦与否要视许多情况而定：假如你穿得不够暖，寒风就可能使你受苦；穿着适当，即使寒风也可能带来快乐。苦，并非客观的，大半取决于你感知的方式。有些事物让你受苦，却不会使他人受苦；有些事物为你带来喜悦，却不会为他人带来喜悦。佛陀所提出的作为世俗谛的四圣谛，目的是要帮助你进入修行之门，但它们却非佛陀最精深的教法。

以相互依存的观点，我们永远都能调和胜义与世俗二谛。当我们观察、理解并体会相互依存的本质，我们就会看见佛陀。

诸法无常，是生灭法；
生灭灭已，寂灭为乐。[③]

① 参见一行禅师文集《般若之心》(*The Heart of Understanding: Commentaries on the Prajñaparamita Heart Sutra*, Berkeley : Parallax Press, 1988)。

② 关于此句的详尽解说，参见本章与下一章。

③ 《增一阿含》第 18 卷。(译按：此偈出自《大般涅槃经》第 14 卷,《大正藏》第 12 册，第 450a、451a 页)

这首偈诵是佛陀即将入灭前所说的，前两句表达世俗谛，后两句则表达胜义谛。在此“诸法”包含物理、生理与心理的现象[①]，“寂灭”表示涅槃，亦即一切概念的灭尽。当佛陀说“寂灭为乐”时，他的意思是指思维、概念与言语都已结束，这就是从胜义谛角度而言的第三圣谛。

佛陀劝诫我们要每日持诵“五念”（Five Remembrances）：

（一）我有衰老的本质，无法逃避衰老。

（二）我有生病的本质，无法逃避生病。

（三）我有死亡的本质，无法逃避死亡。

（四）一切为我所钟爱的人与事都有变化的本质，无法避免与爱别离的情况。

（五）我的行为（业）是我真正拥有的，我无法逃避行为所造成的后果（业果），我的行为正是我立足的基础。

这“五念”有助于我们友善地对待心中对衰老、生病、被遗弃或死亡等的恐惧。五念也是正念之钟，能帮助我们深入欣赏及体会当下可能存在的生命奇迹。但在《心经》里，观世音菩萨却宣说“不生不灭”，若无生死，佛陀为何说我们具有死亡的本质？这是因为在“五念”中，佛陀凭借的是世俗谛，但他

① 如茶壶或花之类的“色行”（rupa-samskara，以形色为因缘条件的事物）可被肉眼所见，如愤怒或悲伤之类的“心行”（citta-samskara，以心为因缘条件的事物）则是心理的现象。

非常清楚从胜义谛的角度来说，其实是无生灭的。

透视世俗谛，洞悉胜义谛

当我们眺望大海时，会看见每一阵波浪都有开始与结束。一道波浪相较于其他波浪，我们可说它更美或更丑、更高或更低、更持久或更短暂。但若看得更深入，则会看见波浪由水构成，波浪在过着波浪生活的同时，也过着水的生活。若波浪不知自己本身就是水，那真是可悲，因为它会以为自己有朝一日终将逝去：“我的寿命就是这段时间，当我到达岸边时，就会归于空无，不复存在。”这些想法会使波浪感到恐惧并苦恼。若要让它自在、快乐，我们必须协助它去除自我、个人、众生与寿命的概念，即《金刚经》所提及的我、人、众生、寿者四种概念。

我们可借由高低、美丑、生灭等外相来辨识一道波浪，然而在水的世界中，却无任何相。在世俗谛的世界中，波浪在高涨时快乐，在陷落时悲伤，它可能会想“我高高在上”或“我屈居于下”，因而产生优越感或自卑感。可是当它触及自己真正的水的本质时，所有的情结都会消失，而它也将超越生死。

当事事顺遂时，我们会变得傲慢，同时害怕跌倒或变得卑微或能力不足，但这些想法都是相对的，当它们停止时，成就感与满足感将油然而生。解脱，就是从有相世界走到真实本质世界的能力。我们需要波浪的相对世界，但为了拥有真正的安详与喜悦，也需要触及水，亦即我们存在的基础。我们不该让世俗谛囚禁自己，以致无法碰触胜义谛。深入透视世俗谛，则可洞悉胜义谛，这两种真理相互含容，无论世俗谛或胜义谛，都有其价值。

当我们坐在北半球时，我们自以为知道哪个方向在上、哪个方向在下，但坐在澳洲的人可不会同意我们的观点。上、下是相对的，在什么之上？在什么之下？上下、老幼等都不是绝对的。对我而言，年纪大很好，年老真好！有些事年轻人无法体会，他们就像山顶涌出的水源，总是拼命地往前冲，可是当你成为流经低地的河流时，你会变得宁静、安详，映照出层层云朵与美丽的蓝天。步入晚年自有其乐趣，身为老人，你可以过得很快乐。当我和年轻的比丘、比丘尼坐在一起时，我觉得他们是我的延续，我已竭尽所能，而现在他们正延续我的存在。这就是相互依存，就是无我。

今天早晨开示佛法前，我和可爱的沙弥侍者吃早餐时，我对他说："你看见山坡上的母牛了吗？为了桌上的奶酪，它正在吃草，而我为了开示佛法，现在正在吃奶酪。"从某种意义上来说，山坡上那头母牛对今天的佛法开示多少有些贡献，既然我喝了牛奶，就可说是它的孩子。佛陀告诫我们以此方式度日，即以相互依存的观点看待一切，如此就不会陷入个人的小我，而会在每个地方看到自己的苦与乐，得到自在，且不会将死看成是个问题。为何我们要说死是苦呢？我们因为后代子孙而持续存在，重要的是当我们身在此处时要竭尽所能，就能透过子孙而继续存在。由于慈爱的驱使，我们全心投注于后代子孙身上。

生死是否是苦，这取决于我们的洞见。有了洞见，就能眼见这一切而报以微笑，不再如以往般受到同样的影响。我们骑在生死的浪头上而摆脱生死，如此的洞见让我们解脱。

去除我、人、众生、寿命的概念

诸“行”（samskara）无常。这张纸是由许多成分组成的一种物理的“行”，一朵玫瑰、一座山、一朵云也都是“行”。你的愤怒、慈爱以及无我的概念，都是心理的“行”（心所），而手指与肝脏则是生理的“行”。

深入地观察“我”，就会发现构成“我”的不外乎“非我”的成分，构成人类的不外乎非人类的成分，因此为了要保护人类，就得保护非人类的要素，例如空气、水、森林、河川、山脉与动物。关于如何尊重地球上包括动物、植物以及矿物等一切生命形态，《金刚经》是最古老的相关典籍。我们必须去除认为人类可独自存续的这种观念，唯有在其他物种也能生存的情况下，人类才能存活。这正是佛陀的教导，也是深层生态学的学说。

当我们深入地观察众生时，我们会发现它们由非众生的成分所构成，所谓的“非众生”（无生物）也有生命。为了触及实相，我们必须去除“众生”与“非众生”的概念。

第四个需要去除的概念是“寿命”。我们以为自己只于时间的两点之间存在着，并因这种概念而受苦。倘若能更深入地观察，我们将会明白自己从未出生，也绝不会死亡。一道波浪是生或死、是高或低、是美或丑，这些观念都不能适用于水。看清这一点，恐惧就会瞬间消失。

我们的内在具足无生无死的世界，但我们从未触及，因为我们只凭借自己的概念而活。修行就是为了去除这些概念，并碰触究竟的向度——涅槃、上帝、无生无死的世界。我们因为固守的概念而无法触及此向度，经常活在恐惧与痛苦中。当一阵波浪深入地度过它身为波浪的生活时，就会触及其内在的水的向度，它的种种恐惧与概念也会倏然消失，而能感到真正的快乐。在此之前，其快乐都只不过是一种治标不治本的急救绷带而已，而最能减轻苦的则是触及涅槃，亦即无生无死的世界。

第三圣谛论及相对的安乐，那是无常的。你的牙痛是无常的，但牙齿不痛的状态也是无常的。当你深入修习佛法时，就能去除这一切概念，并触及无生无死的世界。有了这种洞见，你会以圣贤的眼光看待生死、年老、盛衰、苦乐，而不再受苦，你会微笑，不再恐惧。

第四圣谛是苦因的止息。当我们终止苦时，就会感受到相对的乐，但当我们止息苦与非苦的一切概念时，就能尝到绝对乐的滋味。想象有两只母鸡即将被宰杀，但它们对此毫无所觉，其中一只母鸡对另一只说："稻米比玉米好吃，这玉米已有点变质了。"这只母鸡说的是相对之乐，它不明白此刻真正的乐是不被宰杀之乐，是能继续生存之乐。

在世俗谛的向度修习四圣谛时，我们可获得某些解脱，能转化苦，重获安乐。然而，我们依然处于实相的历史向度，更深入的修习是，让自己的日常生活方式同时触及世俗谛与胜义谛。在世俗谛的向度中，佛陀在久远以前就已入灭，但在胜义谛的向度中，我们每天都能握着佛陀的手，与他一起行禅。

超越概念，体会真实的存在

要以让自己得到最大解脱的方式来修行。波浪本为水，为了进入佛陀之心，就得运用自己的佛眼，即澈见相互依存的洞见。若你趋近胜义谛之境的佛心，佛陀就会与你同在。当你听到钟声时，以你自己的耳朵倾听，也以祖先与子孙的耳朵倾听，换句话说，请同时在相对与绝对的向度上倾听。你无需死亡就可进入涅槃或上帝的国度，只要深入安住于当下，就是现在。

《华严经》说："一即一切，一切即一。"若深入佛陀任何一种教法，你会发现其他一切教法都在其中。若亲自深入地观察第一圣谛，你就会在其中看见八圣道，除第一圣谛之外不可能有任何圣道或非圣道。因此，你必须拥抱自己的苦，把它紧抱在自己胸前，深入地观察，离苦之道即取决于你如何观察苦，所以苦才会称为"圣谛"。运用你的佛眼深入地观察"道"的本质，道谛与苦谛是一体的，我在离苦之道上的每一刻，都有苦在引导，因此苦是圣谛。

本书开头第一句是"佛陀不是神，而是如你、我一般生而为人……"这是什么意思？何谓"人"？若树木与河流不存在，人类有可能存活吗？若动物与其他物种都不存在，我们怎能存活？人类完全是由非人类的要素所构成的。我们必须解脱对于佛陀与人类等概念的束缚，因为这些概念可能成为我们见佛的障碍。

“亲爱的佛陀，你是众生吗?”我们希望佛陀证实我们对他的概念，但佛陀看着我们，微笑着说：“人非人，是名为人。”这是《金刚经》的辩证法，“A 非 A，是名真 A”。花不是花，纯粹是由非花的成分所构成，例如阳光、云朵、时间、空间、土壤、矿物和园丁等，真正的花包含了整个宇宙。若将非花的任何成分回归其源头，花就不会存在了，因此我们可以说：“玫瑰非玫瑰，是名真玫瑰。”若想碰触真正的玫瑰，我们就得扬弃自己对玫瑰的概念。

涅槃的原意是火的熄灭，首先是一切概念与观念的熄灭。我们对事物的概念，让自己不能真正地触及事物，因此若想碰触真正的玫瑰，我们就必须摧毁自己的概念。当我们问：“亲爱的佛陀，你是人吗?”这句话就表示我们对于“什么是人”持有某种概念，所以佛陀只是微笑，他以这种方式鼓励我们超越自己的概念，体会他真实的存在。真实的存在与概念大不相同。

若你曾到过巴黎，你对巴黎会有个概念，但此概念与真正的巴黎大不相同。即使在巴黎住了十年，你对巴黎的概念仍无法与事实吻合。你可能与某人一起住了十年，以为已充分地了解对方，而实际上跟你一起住的却只是自己的概念。你对自己也有个概念，但你曾接触过真实的自己吗?请深入地观察，以尽量跨越实相的概念与实相本身之间的鸿沟。禅修可以帮助我们去除概念。

佛教中关于二谛的教法也是一种概念，但如果我们知道如何运用，它就能帮助我们洞悉实相本身。

第二章

三法印：无常、无我及涅槃

“三法印”是无常、无我及涅槃，任何教法若禁不起这三法印的检验，就不能称为佛法[①]。

第一法印：无常

第一法印是“无常”。佛陀教导一切皆无常，无论是花、桌子、山、政权、色、受、想、行、识都是如此，我们找不到任何东西是常(永恒)的。鲜花会腐烂，但知道这一点并不会妨碍我们热爱鲜花。事实上，正因为知道如何在花朵灿烂时好好珍惜，我们反而更能爱护它。倘若我们学会从无常的角度观赏一朵花，那么当花朵凋零时，我们就不会难过了。无常不只是一种观念，而是一种帮助我们接触实相的修行。

我们研究无常时必须自问：“这则教理和我的日常生活、我

① 南传佛教通常称无常、苦、无我为“三法印”，但在《杂阿含》中，佛陀宣说无常、无我及涅槃为三法印。关于本书作者为何舍苦而取涅槃为“三法印”之一，详见本书第一部第五章。

每天的困境、我的痛苦是否有任何关联？”若仅将无常视为一种哲理，那就不是佛法。每当我们观看或倾听时，我们所感知的对象都可能向我们展现无常，我们必须全天候地培育澈见无常的洞察力。

深入地观察无常时，我们就会明了，当因缘变化时，事物就会随之改变。深入地观察无我时，我们看见任何事物之所以存在，是因为其他一切事物的存在。我们会明了，其他一切事物构成了这一事物存在的因缘，因此在这一事物当中，我们看到了其他一切。

从时间的观点，我们说事物是“无常”的，从空间的观点，则说是“无我”的。事物无法在相续的两个刹那中维持不变，因此无任何事物可称为恒常不变的“我”。当你进到这个房间前，你的身心状态就与进入房间后不同了。深入地观察无常，你会看见无我，深入地观察无我，你会看见无常。我们不能说：“我能接受无常，但无我太困难了。”其实无常、无我是一样的。

了解无常能带给我们信心、安详与喜悦。无常未必导致苦，但若没有无常，则不可能有生命。如果没有无常，你的女儿就不可能长成亭亭玉立的少女；如果没有无常，专制暴虐的政权就永远无法改变。我们总以为无常会带来苦，佛陀以譬喻说明这情形：就如狗被石头击中，而对石头生气一样。让人受苦的不是无常，而是我们对并非恒常的事物，却想要它们能恒常不变的渴望。

我们必须学会欣赏无常的价值。倘若我们身体健康且知道无常的存在，就会好好地照顾自己；倘若我们知道自己所挚爱的人也是无常的，我们就会更加珍惜对方。无常教导我们尊重及重视每一刻，还有自己周遭及心中一切的宝贵事物。当我们修习无常观时，我们会变得更有活力、更加慈悲。

深入地观察可以成为一种生活方式。我们可练习有意识地呼吸，帮助自己接触万物，深入观察万物无常的本质，这种修习可以让我们不会抱怨一切皆无常，因而认为不值得为它们而活。无常让转化成为可能，所以我们应该学着说："无常万岁！"感谢无常，我们才能将苦转化为乐。

假如我们修习正念生活的艺术，当事物起变化时，我们将会了无遗憾，且能微笑以对，因为知道自己已尽量充分地享受生命中的每一刻，也尽全力为他人带来快乐。当你和所爱的人发生争执时，请闭上眼睛，想象自己三百年后的模样。当你再度张开双眼时，你唯一想做的是将对方拥入怀中，承认你们彼此有多么重要。无常的教理帮助我们充分领略及欣赏当下的一切，却无执著或忘失。

我们必须每日滋养自己澈见无常的洞见，如此一来，就能活得更深入、减少痛苦以及更充分地享受生命。活得深入，我们就能触及实相、涅槃或无生亦无死世界的基础。当我们深深触及无常，就能体会超越常与无常的世界，接触到生存的基础，并看见所谓的"有"、"无"都不过是观念罢了，我们从未失去或获得什么。

第二法印：无我

第二法印是“无我”。没有任何事物具有独立的存在或自我，任何事物都必须与其他一切相互依存。

我第一次尝到花生酱饼干，是在美国加州的塔撒加拉山间禅修中心（Tassajara Zen Mountain Center），我好喜欢这种饼干！我那时学到的是，要做花生酱饼干，得把食材和在一起做成面团，然后用汤匙将一块块饼干放在饼模上。我想象每块饼干一离开碗里的面团被摆放在盘中时，就开始自以为是独立的个体了。制作饼干的你不至于如此愚昧，因而对它们满怀慈悲，你知道它们原本都是一体的，即使此刻被分开，其中任何一块的快乐也仍是其他所有饼干的快乐。但这些饼干却有了“分别想”（vikalpa，能区辨的感知），骤然筑起彼此之间的藩篱，一放进烤箱，它们就开始彼此嫌恶：“滚远点！我要摆在正中央。”“我色泽棕黄、外观美丽，而你却这么丑！”“可不可以拜托你往那边伸展，别靠过来？”我们也往往以如此行为处世，而这种行为模式造成许多痛苦。若我们知道如何触及自己的无分别心，我们和别人在各方面的快乐都将有增无减。

每个人都有能力以无分别智过活，但必须训练自己能以此方式来看待事物，亦即看见花朵是自己，山是自己，父母、子女也都是自己。当我们看清每个人、每件事都属于同一条生命之流时，我们的苦将会消失。无我不是教条也非哲理，它是一种洞见，能帮助我们更深入地生活、减轻苦恼以及更能享受生命。我们需要在生活中修习无我的智慧。

俄国大文豪托尔斯泰曾写过一个关于两个仇敌的故事，故事中某甲因某乙而痛苦不堪，他生存的唯一动力就是除掉某乙。每次听见某乙的名字或想到某乙的模样，他就勃然大怒。有一天，某甲造访一位贤者的小屋。贤者深入倾听某甲叙述后，给了他一杯清凉的水，然后将水倒在某甲头上，为他洗涤。当他们坐下喝茶时，贤者对某甲说："现在，你是某乙。"

某甲惊异不已："我最不想做的事就是变成他！我是我，他是他！我们之间不可能有任何关系。"

贤者说："可是你现在就是他，信不信由你！"并拿了一面镜子给他。当某甲往镜子里一看，果真看见某乙！他一动，镜中的某乙也跟着移动，不仅如此，某甲发出的声音也变成某乙的声音，他甚至开始拥有某乙的受与想。某甲努力想回复自己，却无法如愿。这是一则多么精彩的故事啊！

我们应该修行，如此才能将以色列人视为巴勒斯坦人，而将巴勒斯坦人视为以色列人；我们应该修行，直到看清每个人都是自己，自己并未与他人区隔分离，这会大大地减轻我们的苦。我们就如那些饼干，以为自己是独立分离的个体，彼此互相对立。但其实我们都具有相同的实相，我们就是自己所感知的对象，这就是无我与相互依存的教理。

当观世音菩萨宣说眼、耳、鼻、舌、身、意皆空时，他的意思是说这六根无法独立存在[①]，都必须与其他一切相互依存。

---

① 参见一行禅师文集《般若之心》。

例如若无眼睛以外的要素，眼睛就不可能存在，因此观音菩萨说眼睛无法单独存在。为了真正地了解事物，我们必须看见事物相互依存的本质，而要如此看待事物需要一些训练。

无我意味着你是由除了你之外的因素所构成的。在过去这一小时中，不同的要素已进入你的体内，也有其他一些要素从你身上流逝。你的快乐，甚至你的存在，都来自你以外的事物。你母亲快乐，是因为你快乐；而你快乐，是因为她快乐，快乐不是个人的事。身为女儿应该采取让自己与母亲都能更了解彼此的方式修行，她不可能借由离家出走而找到快乐，因为她无论走到哪里都带着自己的家，什么也抛不下。即使她不告而别，也无法摆脱任何事物，因为她的藏识中带有一切种子，无法去除任何一个。

佛陀提出无常与无我，作为开启实相之门的钥匙。我们明了在接触任何一法时，同时也接触了一切法，我们必须训练自己以如此的方式来看待事物，而看见“一即一切，一切即一”。我们不仅要接触实相的现象界，也要触及存在的基础。诸法都是无常、无我的，都必须经历生、灭，但若我们触及诸法甚深处，就能从生与灭、常与无常、我与无我等束缚中解脱出来。

第三法印：涅槃

第三法印“涅槃”即是存在的基础，是一切存在的本质。一阵波浪无需逝去以成为水，水就是波浪的本质，波浪本为水。

我们也是如此，本身即具足相互依存、涅槃或无生亦无死、无常亦无无常、无我亦无无我之境。涅槃是概念的全然寂灭，而佛陀提出无常、无我的观念，是作为修行方法，并非让人崇拜、争战或为之赴汤蹈火的教条。

佛陀说："我的好友！我给你们的法只不过是一个竹筏，以帮助你们渡到彼岸。"别把竹筏当作崇拜的对象而牢牢抓住不放，它只是用来渡河以到达安乐彼岸的工具及方法。倘若你深陷于佛陀所教授的法，那么佛法就不再是佛法了。无常、无我属于现象界，犹如一阵阵波浪，而涅槃则是一切存在的基础，犹如水。波浪不可能存在于水之外，如果你知道如何接触波浪，也就能同时触及水，涅槃并未脱离无常、无我而存在。你若知道如何运用无常、无我这两种工具接触实相，在当下就已触及涅槃了。

涅槃是一切概念的止息。"生"是一种概念，"灭"也是一种概念，"存在"是一种概念，"不存在"也是一种概念。我们在日常生活中必须面对这些相对的种种事相，但若更深刻地体会生活，实相将以不同的风貌展现。

我们认为出生代表自己从无变为有，从什么人也不是变为某人，从不存在变为存在，而死亡则表示自己骤然从有变成无，从某人变成什么人也不是，从存在变成不存在。然而，佛陀曾说："无生亦无灭，非有亦非无。"为了让我们发现实相的真正本质，他也提出无常、无我、相互依存与空性的道理。《心经》中一再地重述不生不灭，但只有读诵是不够的，因为《心经》是我们用来探究自己与世界真实本质的工具。

当你看着眼前这张纸，你以为它属于存在(有)的领域，在过去某个时刻它出现了，即在造纸厂的某一刻它变成了一张纸。但在它诞生之前，难道它是“无”吗？“无”能变成“有”吗？在它成为一张纸之前，必定曾为其他某件事物，例如一棵树、一根枝丫、阳光、云朵、土地，这张纸在“前世”曾是这一切！若你问它：“告诉我你经历过的所有奇遇。”它会告诉你：“请和一朵花、一棵树或一朵云谈谈，聆听它们各自的故事。”

我们的经历和这张纸的故事极为相似，有许多奇妙之事可说。在呱呱坠地之前，我们已存在于父母与祖先身上了。“父母未生时，如何是尔本来面目?”这则公案是邀约我们深入地观察，认清自己在时空中的身份。我们通常以为在父母生下我们之前自己并不存在，只从诞生那一刻才开始存在，但其实我们早就以许多不同的形态出现于此，这辈子出生的那一天只不过是“生命再续日”，所以我们每年应唱“生命再续快乐歌”，而不是“生日快乐”。

“没有任何一物出生，也没有任何一物消逝。”法国科学家拉瓦锡(Lavoisier)[①]如是说。他虽非佛教徒，也不懂《心经》，但他这句话完全符合《心经》的要旨。若燃烧这张纸，能否使它变成“无”？不，它只被转变为烟雾、温度与灰烬。若我们将这张纸的“生命延续体”(即灰烬)撒在花园中，一段时日后，我们在行禅时可能会看到一朵小花，并认出它就是那张纸的再

① 拉瓦锡(Antoine Lavoisier，1743—1794)，18世纪法国化学家，氧的发现者，有“现代化学之父”之称。与此处引文相关者，应为拉瓦锡提出的“质量守恒定律”。

生。燃烧纸张的烟雾将成为天空中云朵的一部分，也会继续它奇妙的旅程，明天过后，或许一阵微雨飘落在你头上，你会在雨滴中认出这张纸在说“嗨!”。燃烧产生的温度将渗入你的身体与整个宇宙，若有精密的仪器，你可测出其中有多少热能渗透到你体内。即使经过燃烧，这张纸显然仍持续存在，所谓死亡的一刻，其实正是它生命再续的时刻。

当一朵云即将变化成雨时，并不会感到害怕，反而可能相当兴奋。作为飘浮在蓝天上的云是很美妙的，而化为雨水降临田野、大海、群山间也同样美妙，因此云变为雨滴落下时，会沿路欢唱。深入观察时，我们看见“生”不过是一种概念，“死”也只是一种概念。没有任何事物能从“无”诞生，当我们深入地接触这张纸、那朵云或我们的祖母，我们就触及不生不灭的本质，也解脱悲伤的束缚，因为我们已在其他许多不同的形体中辨认出它们，这就是使佛陀变得平静、安详、无惧的洞见。佛陀这则教理能帮助我们深入接触自身存在的本质或基础，如此一来，我们就可接触不生不灭的世界。这是让我们解脱悲伤、恐惧的洞见。

涅槃意味着寂灭，尤其是概念的寂灭，包括生与死、存在与不存在、来与去、我与人、一与异等概念。这一切概念都会使我们受苦：我们害怕死，因无明让我们对于死产生虚妄不实的概念；“有”、“无”的概念让人心生苦恼，因为我们还不了解无常、无我的真实本质；我们挂虑自己的未来，却不在意他人的未来，因为认为自己的快乐幸福与他人无关，这种“我”与“人”的概念导致无量的苦。为了让这些概念止息，我们必须修行。涅槃是一把扇子，能帮助我们熄灭包括常见、我见在内的所有概念之火，那把扇子就是我们每日要修习深入观察。

以“八不中道”破除概念

佛教常谈到八种概念——生、灭(死)、常、断(分解消失)、来、去、一、异，破除对此八种概念之执著的修行就称为“八不中道”(中道的八种否定)，亦即不生、不灭、不常、不断、不来、不去、不一、不异[①]。13世纪的越南，曾有人在一场佛法开示后请教德崇(Tue Trung)大师一个问题，大师回答：“我已宣说了要彻底舍离此八种概念，我还能多做什么解释呢?”

一旦破除这八种概念，我们便触及涅槃，涅槃即是舍离此八种概念，以及其相对的概念——无常、无我、缘起、空性与中道。若我们将三法印当作固定的概念而执著不放，这些概念也得破除，而最佳方法就是在自己的日常生活中修行，因为实际经验永远超越概念。

10世纪的越南佛教大师天海(Thien Hoi)曾告诉弟子：“要精进不懈，以证得不生不灭之境。”有位弟子问他：“我们要到哪里找到不生不灭的世界?”大师回答：“就在此生死世界的当下。”要碰到水，就得接触波浪；若你深入地接触生死，就能触

① 参见《中论》皈敬偈：“不生亦不灭，不常亦不断，不一亦不异，不来亦不出。能说是因缘，善灭诸戏论，我稽首礼佛，诸说中第一。”《大正藏》第30册，第1页。)

及那不生不灭的世界。

无常、无我、缘起与中道都是开启实相之门的钥匙，把它们藏在自己口袋里无济于事，你必须加以运用。当你了解无常、无我时，痛苦就已大幅减轻，而触及第三法印“涅槃”。涅槃不是要去未来寻求的某种事物，作为三法印之一的它，出现在佛陀的每一项教法中，这些教法揭露蜡烛、桌子或花朵具有涅槃的本质，也具有无常、无我的本质。

请想象在一场会议中人人自抒己见，而与其他每个人针锋相对，会后，你被这一切观点、讨论弄得精疲力竭，于是开门走到户外的花园中，那里空气清新，鸟儿正在歌唱，凉风沙沙作响吹过林间。屋外的生活与屋内言词交锋、充满火药味的会议截然不同，虽然花园里仍有种种声音与景象，但它们让人神清气爽，恢复元气。涅槃并非生命消失，“现法涅槃”（drishtadharma nirvana）意味“当下此生的涅槃”，涅槃代表的是抚平、止息或熄灭苦火。根据涅槃的教理，我们与理想中的自己本无不同，无需再做任何追求，只要回归自我，触及自己的真实本性即可。如此，我们就会拥有真正的安详与喜悦。

今晨醒来，我发现自己以经典为枕。
我听见辛勤的蜜蜂嗡嗡作响，
兴奋地准备重建宇宙。
亲爱的兄弟们！重新建设或许将耗万世之功，

但早在过去万世这项工作即已完成。[1]

在《四十二章经》中，佛陀说："我的修行为非行、非修、非证。"[2] 它意指我们所追寻的并不在自身之外。

任何教理若禁不起三法印、四圣谛与八圣道的检验，就不是真佛法。然而，有时经教中宣说的是二法印——苦与涅槃，有时则是四法印——无常、无我、涅槃与苦。苦是一种感受，并非存在的基本要素之一，当我们坚称无常、无我之物为恒常、有我时，就会受苦。佛陀教导我们，当苦现前时，我们必须辨认苦的存在，并采取必要的步骤来转化它，但他并未说过苦一直存在。在大乘佛教中，也有一法印之说，即"一实相印"，但一法印、二法印、四法印等教理都是佛陀入灭后才出现的。

我们为了证得解脱而修习三法印，若你能熟背一本长达五百页关于三法印的书，却不在日常生活中应用其中的教法，那么此书对你将毫无用处。唯有运用自己的智慧修习佛法，这些教法才能为你带来快乐。请把修行建立在自己的生活与种种成功、失败的经验上。佛法是珍宝，但我们得深入挖掘才能完全触及。

---

① 摘自一行禅师诗集《以真名唤我》之"Butterflies Over the Golden Mustard Fields."（Berkeley，CA：Parallax Press，1999），p.75。

② 《四十二章经》,《大正藏》经号789。(译按：此经在《大正藏》中为第784经。但此处所引是出自蕅益大师《四十二章经解》，参见本书第 42 页注③)。

依契理、契机的准则说法

此外，另有其他的准则能帮助我们悠游于诸经之中，同时能确定其中的教理是否呈现了对佛法的正确理解。这些准则包括“二契”(契理与契机)、“四悉檀”(siddhanta，四种真理的标准)与“四依”。

“二契”中的第一种是“契理”，“理”即指三法印，说法者的宣说内容必须契合佛陀无常、无我及涅槃的教说。当你深入理解三法印时，你会将之应用于日常生活中的每种情况。

第二种是“契机”。当与人分享佛法时，所说的内容必须契合当时的状况与听众的心智程度，佛法才能切合时机、根性。若不契机，即使听起来像佛法，那也不是真正的法。说法者不可纯粹复诵几句佛陀曾说过的话，若像录音播放机般，只是把录音带放进机器里，如此的说法就有违“契机”的准则。说法者必须自问，我宣讲的对象是谁？他们的生活背景是什么？他们所希望以及关切的事物与愿望是什么？如此深入地观察，说法者宣说的内容中便会注入爱与慈悲。医生若不知患者的病情，就无法正确地用药。

当你与人讨论佛法时，你所说的每个字都应该契理、契机。请遵循无常、无我、涅槃之教而说，同时也请直接面对在场者而说，将现场听众的经历、学识与智慧纳入考虑，也许有些道理你认为很重要，但不能对当前这群人说。契理、契机的准则要求我们必须以善巧、包容与关怀来说法。

依“四悉檀”知佛陀开示的方法

“四悉檀”是帮助我们理解佛法的另一个指南。第一种悉檀是“世界悉檀”。佛法必须以世间的语言宣说，世人才能理解。我们必须考虑并论及当代的宇宙论、艺术、哲学及形上学等，例如为便利起见，我们称一周七天为周一、周二、周三等，还将时间分为年、月、日，以相对的方式来表达真理。当佛陀告诉我们他诞生于蓝毗尼园（Lumbini）时，那是符合“世界悉檀”的。

第二种悉檀是“为人悉檀”。阅读佛经时，我们必须时时牢记佛陀的说法是根据听法者的需求与愿望而有差别的。他在教导大众时，总是深入体察当前的会众，特别针对他们而说法。

第三种悉檀是“对治（治疗）悉檀”。佛陀说法，总是为了治疗听法者各自罹患的疾病。每个人都有某种病症需要医治，当你说法是为了达到对治目的时，你所说的话对听法者永远都是有帮助的。

第四种悉檀是“第一义悉檀”。佛陀直接、明确地表达胜义谛，即使人们不相信、不同意他的观点，他依然宣说无我，因为他知道那是真实的。就如15世纪的探险家宣称地球是圆的，即使社会威胁他们将为所说的话入狱，他们依然故我。我们在阅读佛经时，可借助四悉檀来帮助我们理解经义。

以“四依”为修学的准则

有助研读佛法的第三项准则称为“四依”，这并非佛陀所说，而是后来的祖师所制。第一依是“依法不依人”，意思是即使老师不实践他的教法，我们也能从他那里学到东西。我小学五年级的老师连（Lien）小姐常穿着高跟鞋，有天她在黑板上写道：“绝对别穿高跟鞋，否则你可能扭伤脚踝。”我当时无法了解她自己为何不遵照这条教诲。另外有个烟瘾很重的老师，教导我们吸烟对健康有害，那是早在六十年前的事！我们全班哄堂大笑，但他说：“照着我说的去做，别学我抽烟。”后来我就读佛学院时，老师告诉我们，若有颗珍宝在垃圾桶里，要拿到珍宝就得弄脏手。还记得那位熟记一切经典的比丘吗？他为人不宽大，也不是个好修行者，但其他比丘都得容忍他，劝请他背诵经典，他们才能将经典记录下来。

对我而言，师徒关系是建立在一种信任的基础上，即信任老师已修习且持续在修习自己所教导的一切，这是身教，是透过我们的生活方式来教导。也许历代祖师认为能以身作则来传法的人非常稀有，若只等待这种人出现，我们可能就会错过从现有佛法中获益的机会。

第二依是“依了义（依胜义谛所说的经典）不依不了义（依世俗谛所说的经典）”。对于这项准则，我也同样感到不安，因为它并未明示了义经与不了义经之间的关系。其实，以不了义经为根据，更能充分理解了义经。我们不应该认为关于“正念五学处”[①] 等实务类的经典不值得注意，而只要研读《华严经》、《法华经》[②] 就可以了。我们需要知道如何从务实的经典出发，进而研读实务成分较少的经典，先训练自己理解最基础的经典之后，才有能力更轻易地掌握较为深奥难解的典籍。

第三依是“依义不依语”。对佛陀说法的方式有全面性的概观，并了解每次说法特定的背景与情况时，我们就不会妄加推断经义，或对佛语断章取义。当不精确的传法而造成错误时，我们才有能力自行更正。

第四依是“依智（jñana，深观之智）不依识（vijñana，分别识）”。然而，阅读经典时，分辨能力是很重要的，因为有分别识我们才知道佛陀所说的是依据四悉檀中的哪一项，所以我们不仅可依赖无分别智，也可依赖分别智。

二谛、三法印、二契、四悉檀、三解脱门等教理都是重要的指南，帮助我们理解佛陀说法时所用的语言。不理解佛陀的语言，就无法理解佛陀。

---

① 《大品优婆塞经》（*Upasaka Sutra*,《中阿含》第 128 经），另见《增支部》第 3 册，第 211 页起。参见一行禅师作品 *For a Future To Be Possible*，p.199-247。

② 参见一行禅师作品 *Cultivating the Mind of Love*。

第三章

三解脱门：摆脱恐惧、迷惑与悲伤

三法印[①]是钥匙，让我们能用以开启空（shunyata）、无相（animitta）、无愿（apranihita）三解脱门，佛教中一切宗派都接受“三解脱门”的教说[②]。此三门有时称为“三昧”(三种禅定)[③]，当我们进入空、无相、无愿三门时，即安住于三昧（定）中，也解脱了恐惧、迷惑、悲伤等束缚。

空解脱门，一切法相依缘起

第一解脱门是“空性”。空性总是意味着什么东西空掉了，例如杯子的水空了，碗中的汤空了，或我们独立的自我空掉了。我们不可能单凭一己而存在，只能和宇宙其余的一切相互依存。修行即是全天候滋养这种澈见空性的洞见，无论走到哪里，我们都在所接触的万事万物中触及空性的本质。当我们深入地观

① 即无常、无我与涅槃。参见本书第三部第二章。

② 南传佛教虽不强调这项胜妙的教理，但确有“三解脱门”之说。

③ 参见本书第二部第七章“正定”。

察桌子、蓝天、朋友、山川以及自己的愤怒与快乐，就会看清这一切都缺乏独立的自我。当我们深入接触这些事物时，就会看见一切存在之物相互依存、融摄的本质。空性不代表“无”或“不存在”，而是表示相依缘起、无常及无我。

第一次听说空性时，我们会感到有些害怕，但修习一段时间后，就会明白事物确实存在，只是以一种不同于自己先前所想的方式存在而已。空性是中道，介于“有”(存在)、“无”(不存在)两种极端之间。美丽的花朵在萎谢时并未“变成”空，因为它在本质上已然是“空”。深入地观察，我们就会明白花是由“非花”的要素所构成，例如阳光、天空、云、大地与意识，花并无独立的自我。佛陀在《金刚经》中教导我们，人类不是独立于其他物种而存在，所以为了保护人类，必须保护“非人类”的其他物种。倘若我们污染了水、空气、植物与矿物，这就是在毁灭自己。为了消除自他之间虚妄的界线，我们必须学习在那些自己过去所认为的身外之物中，看见自己的存在。

在越南，我们说若有匹马生病了，马厩中所有的马都会拒绝进食。我们的快乐与痛苦就是别人的快乐与痛苦。当行为是建立在无我的基础上时，我们的一举一动都将与实相一致，也会很清楚什么该做或不该做。当我们时时觉知自己与其他一切彼此相连时，这就是“空三昧”(shunyata samadhi)。实相超越于“有”、“无”的概念之上，说花朵存在并不完全正确，但说花朵不存在也不正确。真正的空性称为“妙有”，因为它超越了存在与不存在。

当我们吃饭时，我们需要修习空解脱门，“我即是此食，此食即是我”。某天，我在加拿大与僧团共进午餐，有位学生抬头看着我说：“我正在滋养你。”他正在修习空三昧。每当我们看着盘中的食物时，可以观想这份食物无常、无我的本质。这是一种甚深的修行，因为那能帮助我们看见缘起。进食者与食物两者本性是“空”，因此两者之间的交流是圆满的。当我们放松、安详地练习行禅时也是如此，我们不仅为自己，也为了世界迈步向前；当我们观察他人时，会看到他人与自己的苦乐相连。“和平、安详始于自身”。

我们所钟爱的人有一天都将会生病、死亡，若不修习空三昧，当这些情况发生时，我们将会悲不自胜。空三昧是时时接触生命实相的方法，但它是用来修行的，不是用来谈论而已。我们观察自己的身体，就会看见促使它产生的所有因缘，包括父母、国家、空气，甚至后代子孙。我们超越时空、我及我所有(我的)，亲尝真正解脱的滋味。若仅仅将空性当成哲学来研究，那就不会是解脱之门。当我们深入契入空性，认识一切存在事物缘起与相互依存的本质时，空性才会是一道解脱之门。

无相解脱门，进入实相的核心

第二解脱门是“无相”。“相”在此表示表象或“想”(感知)的对象。当我们看见某物时，某种相或意象就会出现在眼前，这就是“相”(lakshana)的含义。以水为例，若盛在方形容器里，它的相就是“方形”，盛在圆形容器中，它的相就是

"圆形"。打开冰箱取出冰块，此时水的相是固体的。化学家称水为 H_2O，高山上的雪和茶壶冒出的水蒸气也都是 H_2O。不管 H_2O 是方或圆，是液体、气体或固体，都是视不同的情况而定。"相"是方便我们使用的工具，却不是胜义谛，且有可能会误导我们。《金刚经》说："凡所有相，皆是虚妄。"透过感官所产生的认识，不仅显示感知的对象，也往往透露出能感知者的状态。表象是会骗人的。

要让自己解脱，就有必要修习无相三昧，因为唯有突破假相，我们才能触及实相。只要我们仍为方、圆、固体、液体、气体等表象所困，就依然会受苦。任何事物都无法单凭一种相来描述，但若无相，我们又会感到焦虑。我们因受困于诸相之中而产生恐惧、执著，除非触及事物无相的本质，否则我们将会持续感到害怕，继续受苦。要放下方、圆、硬、轻、重、上、下等相，才能接触到 H_2O，毕竟水本身非方、非圆，亦非固体。当我们解脱外相的束缚，就能进入实相的核心。然而，直到我们能在天空中看见海洋[①]，否则我们仍会一直深陷在诸相之中。

当我们能冲破诸相的藩篱，进入涅槃的无相世界时，那就是最大的解脱。那我们该到何处寻觅无相的世界呢？就在眼前的有相世界中。倘若我们抛开了水，就无法触及水的本性；当我们突破水的种种相，看见它相互依存的真实本质时，才真正碰触到水。在此有三个词汇——水、非水、真水，真水即是水的本性，它的存在基础是超越生死的。当我们能触及本性，就

---

① 根据相互依存的原则，天空在大海中，大海在天空中，两者相互依存、相互融摄。

能无所畏惧。

“若见诸相非相，即见如来。”这句话引自《金刚经》，“如来”（tathagata）意指“实相妙性”[①]。欲见水之妙性，必须超越水的表象，澈见水由“非水”的要素所组成。若你认为水只是水，不可能是太阳、大地或花朵，那就错了。当你看见水即是太阳、大地、花朵，当你明白能从太阳或大地看到水时，那就是“诸相非相”。一个有机花园的园丁在香蕉皮、枯叶或腐烂的树枝中，能看见鲜花、水果与蔬菜，也就是能看出花、果实、垃圾的无我本质。若她能将此洞见应用于其他一切领域，她就能证得圆满的觉悟。

政治家、经济学家和教育家都需要修习无相三昧。许多年轻人被捕入狱，但若我们修习无相观，将会发现他们的暴力来自何处。我们的社会是什么形态？家庭如何组成？学校教些什么？为何我们要将一切的罪责归咎于年轻人？为何我们不能承认自己该共同承担的责任？生命对年轻人而言并无意义，所以他们伤害自己与他人。如果我们继续维持目前的生活方式与社会组成的模式，就将持续制造出成千上万个被捕入狱的年轻人。

无相并不只是个概念而已。深入观察自己的孩子时，我们看到造就他们目前状态的所有要素，那是肇因于文化、经济、社会和我们自己的存在模式。发生问题时，不能只怪罪孩子，事件的背后还有许多因缘。当我们知道如何转化自己与社会时，子女也会跟着转变。

---

① 关于“如来”的定义，另见本书 167 页注②。

我们的子女在学校学习阅读、写作、数学、科学与其他科目，这些有助于他们将来谋生，但很少有学校课程教导年轻人如何生活，包括如何处理愤怒、如何调解冲突，以及如何呼吸、微笑和转化内在的心所。教育界需要改革，我们必须鼓励学校训练学生培养和乐生活的艺术。学习阅读、写作或解数学题目固然并不容易，但孩子仍努力要学会。学习如何呼吸、微笑与转化嗔怒也可能很困难，可是我曾目睹许多年轻人做到了。倘若我们能适当地教育孩子，在他们大约 12 岁时，就会知道如何与他人和谐共处。

当我们超越诸相，进入无恐惧及无责难的世界中，我们能超越时空，看见花、水与自己的孩子，也知道就在当下、此刻，祖先存在于自己身上。我们还看到佛陀、耶稣，以及其他一切先圣先贤，他们都还未逝世。佛陀不只生活在两千六百年前，花朵也不可能仅限于它短暂的绽放。万事万物都借由诸相而显现，假如我们陷于诸相而受困，就会害怕失去某个特定的显现物。

有位曾住在梅村的八岁男孩突然死亡，当时我请孩子的父亲在呼吸的气息与脚下的草叶尖中充分觉知自己儿子的存在，而他也做到了。当某位著名的越南禅师圆寂时，他的弟子写下这首诗：

善友切莫执于相，
山河大地皆吾师。[1]

---

① 这位弟子是越南李朝（1010—1225）的工部尚书段文钦。

《金刚经》列举“我相、人相、众生相、寿者相”四种相。我们执著于“我相”，而认为有“非我”之物存在，然而一旦深入观察，就会看见并无独立的自我，因此解脱“我相”的束缚，而明白要保护自己，就得保护自己以外的一切。

我们执著于“人相”，因而区别人类、动物、树木与岩石等，并认为鱼类、乳牛、草木、地球、空气、海洋等一切“非人类”事物的存在，都是为了让人类利用及榨取。其他物种虽然也需要猎取食物，但并非以这种榨取的方式。当我们深入地观察人类本身时，会在其中看见“非人类”的要素，而深观动物界、植物界与矿物界时，也会从中看到人类的要素。当我们修习无相三昧时，便可与其他所有物种和谐共存。

第三种相是“众生相”。我们认为有情众生有别于无情众生，然而有情众生(生物)是由无情众生(无生物)所构成的。当我们污染了像空气或河川等所谓的无生物时，我们也就污染了生物。若能深入地观察生物与无生物的相互依存，我们将会停止这种行径。

第四种相是“寿者相”。“寿”意指寿命，即生到死之间的这段时间。我们以为自己存活于一段有始有终的特定时间内，然而一旦深入地观察，就能看见自己从未出生也永不会死亡，恐惧自然就会消失无踪了。借由念、定与三法印，我们可以开启无相解脱门，得到最大的解脱。

无愿解脱门，安详地活在当下

第三解脱门是“无愿”，即无法可修、无法可证、无需计划，也无待办事项，这是佛教在末世论（eschatology）这个议题上的相关教示。玫瑰必须做什么吗？不需要，它存在的目的就仅仅为了做一朵玫瑰。你存在的目的就是成为你自己，不必为了改头换面而跑到任何地方，你本身就已经很棒了。佛陀这项教导让我们能欣赏自己、蓝天，以及当下让人精神振奋、恢复活力的一切事物。

无需在前方设立任何追求的目标，我们其实早已拥有自己希冀的一切。我们本已是佛，那么何不与另一尊佛携手共同行禅呢？这是《华严经》的教义。做你自己！生命原本就是珍贵的，让你快乐幸福的要素当下就已具足，无需追求、奋斗、搜寻或挣扎。单纯地活着吧！正当下此刻单纯地活着，那是最深入的禅修。大部分的人都认为奋斗与竞争是正常且必要的，而无法相信这看似无目标的纯粹步行，其实就已足够。只要花五分钟试着修习无愿三昧，你将亲证在那五分钟里有多么快乐。

《心经》说“无得”（无一法可得）。禅修并非为了达到觉悟，因为我们本身已具足觉悟。我们不必到处寻找，也无需任何目标或意图。我们并非为了获得某种更高的位阶而修行的，在无愿三昧中，我们看见自己一无所缺，已达到自己希冀的境界，于是能就此停止奋斗挣扎，平静、安详地活在当下，单纯地看见阳光透窗而入或听闻雨声，无需追求任何一物，而能享受每一刻。人们谈论着要进入涅槃，但我们已在涅槃中，无愿与涅槃是一体的。

> 晨醒即微笑，
> 良辰在眼前。
> 过好每一刻，
> 慈眼视众生。[①]

这二十四小时是一份珍贵的礼物，是一份唯有开启了无愿解脱门才能充分领受的礼物。如果我们自认为拥有二十四小时可以去达到某个目标，那么这一天就会成为达成目的的某种手段。其实劈柴、挑水的时刻就是快乐的时刻，无需等到做完杂务后才能快乐。在当下拥有快乐就是无愿的精神，否则我们终生都会在原地打转。我们已经拥有所需的一切，即使感冒或头痛，也能让此刻成为毕生最快乐的时刻，无需等到感冒痊愈才能快乐，感冒也是生命的一部分。

有人曾经问我："难道你不担心世界局势吗？"我先正念于呼吸，然后回答："重要的是，别为世事而忧心忡忡。如果你满心焦虑就会生病，对世上发生的一切将会爱莫能助。"很多地方发生了大大小小的战争，那会导致我们失去内心的平静。焦虑是这个时代常见的心病，我们忧虑自己，也担心自己的家人、朋友、工作与世界局势。如果我们终日忧心忡忡，迟早会生病。

---

① 参见一行禅师著作 *Present Moment Wonderful Moment*，p.3。

全世界的确都有水深火热之苦，但知道这一点却无需气馁。修习正念地呼吸、步行、安坐、工作，我们就是在尽全力帮助改善，且也能保有心中的平静。忧虑无济于事，即使你比现在更忧虑二十倍，也不能改变世界的情势，事实上，你的忧虑只会让情况恶化。即使情况不能如我们所愿，我们仍能心满意足，因为我们知道自己正在尽力且会持续下去。倘若我们不知道如何呼吸、微笑，以及如何深入度过生命中的每一刻，就永远无法帮助任何人。我快乐地活在当下，我别无所求，也不期望有其他额外的快乐，或任何能带来更多快乐的因缘。最重要的修行是“无愿”，不汲汲、不执取任何事物。

我们很幸运才能修习正念，因此即使在身心、环境上并非事事如意，我们也有责任将平静、喜悦带入自己的生活中。倘若我们自己不快乐，就不能庇护其他人。问问你自己：“要让自己快乐，我正在等待什么？我为什么不现在就快乐起来呢？”

我唯一的愿望就是帮助你们看清这一点。我们要如何在社会上推广正念的修习？如何让绝大多数人快乐，且让他们知道如何教导他人正念生活的艺术？制造暴力的人何其多，而懂得如何正念呼吸与创造快乐的人却很少。每一天，我们都有绝佳的机会让自己快乐，且成为他人的庇护所。

我们无需有任何改变，也无需展开特定的行动，只要我们能在当下快乐，就能帮助自己所爱的人与整个社会。“无愿”就是停下脚步，并体会早已在身边的快乐。若有人问：“需要修行多久才能快乐？”我们可以告诉对方：“当下就能快乐！”修习无愿，就是修习自在。

第四章

佛的三身：法身、报身与应身

想将慈爱、自在、体谅等特质拟人化，这对人类而言是很自然的。在人们的这种心态下，佛陀被描述为具有“三身”，即“法身”（Dharmakaya，觉悟与快乐的源头）、“报身”（Sambhogakaya，法乐身或受用身），以及“应身”（Nirmanakaya，佛陀在历史中的化身，此化身被视为法身的千百亿化身之一）。kaya 意指“身体”。

法身——体证智慧与慈爱之道

佛陀在即将入灭时告诉弟子：“诸位善友！明天我的色身就不存在了，但我的法身将永远与你们同在，把它看做你们永不离去的老师吧！作自己的岛屿，皈依法，以法作为自己的明灯、岛屿。”佛陀的意思是，为了在每一刻都能体证涅槃，我们必须修习佛法，即智慧与慈爱之道，那就是法身的诞生，亦即教法之体、道体或觉悟快乐之源的诞生。法身的本义相当简单，即体证智慧与慈爱之道。

法身是“法”的具体化，它总是时时放光，觉照一切。任何有助人们觉醒之物，都是法身的一部分，无论是树木、青草、禽鸟、人类等。当我们听见鸟儿的歌声，若我们能深入回归自我，在正念中呼吸、微笑，那只小小的鸟儿就展现了佛陀的法身。觉醒的人都能听到小石头、绿竹或婴孩的哭声所宣示的佛法。若你觉悟了，天地万物都是法音，每天早上当你打开窗，看见晨光流泻进来时，要知道那也是法身的一部分。

推开窗户，
我向外望见法身。
生命多么奇妙！
专注于每一刻，
我的心如止水般清澈。[①]

活生生的法不仅仅是藏经阁，或振奋人心的开示录像带、录音带，更是展现在你日常生活中的正念。当我看见你们正平静、喜悦地在正念中行走时，我内心深处也有某一部分被唤醒。你们这样行走时，我们彼此心中的法身都如太阳般发出耀眼的光芒。当你悉心照顾好自己、兄弟姊妹时，我便从中看到活生生的法。当你真正活在当下时，法身便触手可及。

法身不只透过言行，也借助“非行动”表露出来。看看园中的树，橡树就是橡树，这就是它所做的一切。每当我们看着它，

① 摘自一行禅师著作 *Present Moment Wonderful Moment*，P.4。

就感到安定且有信心。它提供我们可呼吸的空气，以及在夏天保护我们免受烈日之苦的遮阴。若橡树的功能有所短缺，人家可就麻烦了。我们可从橡树身上学习佛法，因此它可说是法身的一部分。每块小石头、每片树叶、每朵花都在宣说《妙法莲华经》[①]。佛陀有他的法身，而我们这些未来佛也必须透过自己的法身来展现佛法。当有人以言词挑衅时，若我们能微笑以对，并回到自己的呼吸上，我们的法就是活生生的法，其他人也能接触到它。有时"非行动"可能比采取许多行动更有帮助，就如遭遇暴风雨的小船上有个沉着镇定的人。只要有这种人存在，我们就能扭转形势。

法身是永恒的佛。大乘佛教徒后来开始称法身为"毗卢遮那佛"（Vairochana），即本体论上的佛、佛的精神、真正的佛，也是一切众生的基础、觉悟的基础。最后，法身变成如实本性、涅槃与如来藏（Tathagatagarbha，如来的孕育处）的同义词[②]。这是很自然的演变，但若我们大费周章地谈论这些论点，那还不如学习如何借由安住于正念及平静，来体会自己的法身，触及法身即是触及佛陀。佛陀很清楚地表示，他的法身比色身更重要。为了延续佛陀的法身，佛陀要仰赖我们，仰赖我们的修行。

报身——体验无量的安详与喜乐

报身是佛陀的法乐身、受用身、果身或酬报身。因佛陀深

① 参见一行禅师诗集《以真名唤我》之"Beckoning"，p.107。

② "如来"是佛的名号之一，意即"来自如实本性世界（究竟实相）者"。

入地修行，体验无量的安详、喜乐，报身就是他修行的果。当我们修习正念时，也能享受同样的果。吸气、仰望蓝天、在正念中喝茶，在此时仅是活着我们就能感到快乐。这就是我们的受用身、报身。

我曾经读过一则故事，主人翁是个基督徒，他对上帝的信仰并不坚定。有天他在非洲丛林中狩猎时迷路，经过一段时间仍未找到路，于是他决定祷告求助，但因他的信心不够，所以祷告的力量也很微弱，他说："上帝啊！若你确实存在，现在就请出现来救我吧。"话刚说完，一个非洲人就出现了，并指示他回村子的路线，他就这样得救了。但后来他在日记上写着："我向上帝祈求，出现的却是一个黑人。"其实，拯救他的正是上帝，只因他无知，所以无法看清这一点。我们也可以说拯救他的是报身佛。佛陀与上帝都以许多形体出现，佛陀不仅在云端里，也在我们心中，在许多人的心中。

每当我们在和谐、安详的情况下接触美丽的事物时，就触及报身佛，这称为"自受用"(自己得享喜乐)。当我们觉得幸福、安详，这份感受会向四面八方扩散，使别人也能享受同样的安乐，这称为"他受用"(他人享受我们的喜乐之身)。若能如此做，就会有许多报身佛诞生于这个世界。只要我们知道如何培养自己内在觉悟的种子，那么，每个人都有能力带给别人快乐，协助他人减轻痛苦。若我们知道如何去触及它，就如佛的法身一样，其报身也是可触及的。

应身——法身的具体呈现

历史上的释迦牟尼佛是应身，即法身之太阳为了协助解救众生之苦，而投射至此世间的一道光芒。释迦牟尼佛在历史上确有其人，他的出现具体呈现了法身。佛陀依然以化身、以一道法身之光存活于世，让我们得以接触。倘若对你而言这道光不明显，请不必担忧，还有许多其他的法身之光或化身在宣说佛法，例如树木、禽鸟、紫竹、黄菊。释迦牟尼佛只是众多化身之一，你可以透过他或其他任何一种形体而触及应身。

我们每个人也都有三身——法身、受用身与色身。请发掘你自己的法身、法乐身与化身，它们都位于你的内心深处，问题只在于你是否发现而已。当你修习行禅，并释放自己一部分的悲伤与嗔怒，当你深入地观察事物，并舍弃部分的错误认知、贪爱及执著时，你就发现了自己内在的法身、法乐身与化身。当你触及自己内在三身与佛的三身时，痛苦便会减少。只要接受佛陀散发的光芒并被转化，法、报、应三身是可触及的。当我们知道如何发掘自己内在觉悟的种子时，就能认识到自己也能转化他人。佛陀需要我们正念地生活，享受修行之乐，并且转化自己，如此我们才能与其他许多众生分享法身。

第五章

三宝：你的内在就是佛、法、僧

皈依三宝，找到生命的依怙

我皈依佛，

那是为我指出此生道路之人；

我皈依法，

那是智慧与慈爱之道；

我皈依僧，

那是和谐、正知共住的团体。

皈依佛、法、僧是佛教的一种基础修行，这三者是超越宗派与文化界限而获得普遍认同的价值观。当我们在母亲子宫里时，我们感到安全，不会有冷热、饥饿与其他问题等伤害。“皈依”意即寻求如母亲子宫般安全的处所，一个可供我们依赖的地方。

在佛教中，“信”并不意味着我们要接受一种未经亲身验证的理论，事实上，佛陀鼓励我们亲自去看。因此，皈依三宝并非盲目的信仰，而是我们修行的结果。起初对我们来说，佛陀可能是一本读过的书，佛法可能是听过的几句鼓励的话，僧团则可能是我们曾经参访过一两次的团体，但随着持续的修行，佛、法、僧便会更完整地展现在我们面前。

对所有宗教而言，“信”都是非常重要的。有些人说：“若我们信上帝，而祂也的确存在，那么我们将会得救；若祂不存在，我们也不会失去任何东西。”神学家所谈的“信念之跃”（leap of faith）[①]，就如同孩子从桌上一跃而下，跳进父亲的怀里。虽然跳下时他不能百分之百地确定父亲是否接得住自己，但他有足够的信心往下跳。在佛教中，我们的信念是具体的而非盲目的，也不是骤然纵身跃下，而是由自己的洞见与经历所塑造而成。当皈依佛时，我们是在表达对自己的信赖，相信自己有能力以亲身体验修行成效为基础，走向美、真理与智慧；当皈依法时，我们进入转化之道、灭苦之道；当皈依僧时，我们全神贯注于建立一个安住于正念、和谐与安乐的团体。当我们直接接触这三宝，并体验它们所带来转化与平静的力量时，我们的信心会更稳固。三宝并非一种概念，而是我们的生命。

皈依佛，我们自己就是佛

中国与越南的修行人总是说：“自皈依佛（我回归仰赖自己

① “信念之跃”（leap of faith）是19世纪丹麦哲学家齐克果（Kierkegaard）所用的隐喻，指对于情况不明的客观事物的信任，特别是基督教徒对上帝的信仰。齐克果认为，在上帝和世人中间有道鸿沟，只有信念才能使人跨越鸿沟。

内在的佛)。”皈依词中加上“自”(自己内在)表明我们自己就是佛。在皈依佛的同时，我们也必须了解“佛皈依我”，否则皈依就不完整。以下是植树或栽种其他植物时，我们可持诵的一首偈诵：

我将自己托付给大地，
大地也将自己托付于我；
我将自己托付给佛陀，
佛陀也将自己托付于我。

种下一颗种子或一株幼苗，即是将它托付给大地，植物的生死在于大地，然而大地也将自己托付于植物，每片落地腐化的叶片，都将帮助土壤维持生命力。当我们皈依佛时，我们将自己托付给智慧的土壤，而佛陀为了使智慧、爱与慈悲得以长住世间，也将自己托付给我们。无论何时，每当听见有人诵念：“我皈依佛”，我也同时听到“佛皈依我”。

自皈依佛，当愿众生，体解大道，发无上心。
自皈依法，当愿众生，深入经藏，智慧如海。
自皈依僧，当愿众生，统理大众，一切无碍。

皈依法，生活在正念中

在佛陀生前最后几个月，他总是教导大众：“皈依你自己，而非其他任何事物，你的内在就是佛、法、僧。切勿追寻遥不可及的事物，一切都在你自心中，要作自己的岛屿。”无论何时，当你感到迷惑、愤怒或迷惘时，若能修习正念的呼吸，回归自己的岛屿，你将会置身于安全之地，那里到处充满温暖的阳光、阴凉的树荫与美丽的花鸟。“佛”就是我们的正念，“法”就是我们有意识地呼吸，“僧”就是我们和谐运作的五蕴①。

倘若我坐在飞机上，听见机长宣布即将坠机时，我会持诵“三皈依”，同时修习正念的呼吸。当你听到坏消息时，我希望你也能如此做，但请别等到危急时才回归自己的岛屿，应该每天都在正念中生活，以回归自己的岛屿。如果你能将修行变成一种习惯，只要困境一出现，你便可轻易地回归自己内在的三宝(自性三宝)。在正念中行走、呼吸、安坐、进餐等都是皈依的方法，这并非盲目的信仰，而是基于实际体验的信仰。

佛法的书籍与录音带都深具价值，然而真正的佛法却要透过生活与修行来展现。无论何时，只要有人修习四圣谛、八圣道，活生生的佛法就会现前。据说佛教有八万四千种法门，禅坐是一种，行禅又是另一种法门，皈依法即是选择最适合自己的法门。佛法不外乎大悲、智慧与慈爱②，为了体现这些特质，我们需要僧团。

---

① 关于五蕴，即组成“我”的成分，详细解说参见本书第三部第七章。

② 关于“法宝”的进一步阐释，参见本书第三部第四章。

皈依僧，接受僧团的教导

僧团是由比丘、比丘尼、男女在家居士所组成的四众团体，还加上供我们修行的其他要素，例如蒲团、行禅步道、树木、天空、花朵。在越南，我们说老虎若离开山中的巢穴来到山下，就会遭到人类捕捉宰杀。而当修行人离开自己的修行团体时，很可能就会放弃修行，就修行者而言，那就是一种“死亡”。随僧团共修极为重要，即使我们对修行有深刻的体会，但如果没有同修善友的支持，仍难以持续。

全力投注于僧团绝对是值得的。若在不毛之地播种，那么只会有少数的种子发芽，但若选择一块良田播下你的善种，则他日必定丰收。建立僧团、支持僧团、跟随僧团以及接受僧团的扶助与教导，这就是修行。我们同时拥有了自己的双眼与僧团之眼，当僧团放光照耀在我们个人的见解上时，我们就能看得更清楚。此外，在僧团中，我们也不会养成不良的行为习惯。紧随自己的僧团，皈依它，你将具备所需的智慧与支持。

当僧团成员和谐共住时，此僧团就是神圣的。别以为“神圣”只适用于教皇，神圣就在你心中，也在你的僧团之中。当整个团体在正念中一起安坐、呼吸、行走及用餐时，这其中就有神圣。当你建立一个拥有快乐、喜悦、安详的僧团时，将会在其中看到神圣的要素。佛陀的挚友与弟子波斯匿王（Prasenajit）曾对世尊说：“当眼见僧团时，我就对佛与法产生信心。”当他看见安定、祥和、喜悦、自在的比丘与比丘尼在正念中行、住、坐、卧时，便在他们身上看见佛与法。佛法与僧团是让我们进入佛陀之心的两扇门。

有一天，佛陀与阿难一同前往憍萨罗国（Koshala）的一座僧院。到了那里，发现除了一位罹患痢疾的比丘之外，其他所有比丘都已外出托钵。这位比丘病得奄奄一息，僧袍与床褥都沾满了秽物。佛陀一见如此情景，便问："其他的比丘到哪儿去了？为何没人照顾你？"病比丘回答："世尊！我所有的师兄弟都出门托钵去了。刚开始他们在照顾我，但当我的病毫无起色时，我就告诉他们我会照顾自己。"听完这话，佛陀和阿难帮这位比丘沐浴、打扫房间、清洗僧服，并为他穿上一件干净的僧袍。其他比丘回来时，佛陀对他们说："诸位善友！若我们不彼此照顾，谁会照顾我们呢？当你们照顾彼此时，就是在照顾如来[①]。"

珍宝有真品、赝品，假如有人提出的教义抵触无常、无我、涅槃"三法印"，那就不是真正的佛法。一个具备正念、安详、喜悦与解脱的团体，才是真正的僧团，否则就不能称为真正的僧团。佛陀也可能有真假之别，在《金刚经》中，佛陀说："若以色见我，以音声求我……不能见如来。"

佛、法、僧三宝相互依存

佛、法、僧三者相互依存，倘若你深入地观察三宝中的任

① 关于"如来"，参见本书第 167 页注②。

何一宝，也会看见其余两者。若你护持僧团，即是在侍奉佛陀。当你的僧团是安乐的，且在修行上不断增进时，它便会日益神圣，而其中所存在的真实的佛陀和佛法就会变得更清楚了。当你步步保持正念时，就是在悉心地照顾佛法；当你与僧团中其他成员友好相处时，即是在侍奉佛陀。进禅堂、上香、整理佛坛，这些都不是侍奉佛陀唯一的方式。握着他人的手或好好地安慰某个受苦的人，这也是在照护佛陀。当你接触到真正的僧团时，也就触及了佛陀与佛法。若无佛陀与僧团，佛法也无法存在；若无修行者，佛法要如何存续呢？而佛之所以为佛，是因为他或她体现了法。因此，每一宝都含摄其余二宝，当皈依一宝时，即同时皈依三宝，这可在我们生活中的每一刻证得。

传统上，我们唱诵皈依词三次，持诵第一次时，我们转向更宽广的正念、智慧与慈爱，持诵第二次则开始体现三宝，到了第三次，我们誓愿帮助他人体证智慧与慈爱之道，誓愿成为和平、安详的源泉。

我们今天面对的问题不再像佛陀当时遇到的那么简单，在21世纪，我们必须共同禅修，以家庭、市镇、国家或国际联盟为共修团体。21世纪的佛——弥勒佛或慈爱之佛——极有可能是一个团体而非个人。修习慈爱与悲心的僧团，即是人们所需要的佛。我们必须转化自身的苦以及培养建立僧团的艺术，借此提供有利的环境，好让这样的佛陀出现于世，这是我们所能做的最重要的工作。

佛，是指路的导师，
是圆满觉悟者，
他庄严端坐，安详地微笑，
源源不断涌出智慧与慈悲。

法，是清晰之道，
引领我们出离无明，
让我们回头，
归于觉悟的生命。

僧，是庄严的团体，
常行法喜，
体证解脱，
为生命带来平静与快乐。

我皈依佛，皈依那为我指出此生道路之人；
我皈依法，皈依智慧与慈爱之道；
我皈依僧，皈依与和谐、正知共住的团体。

安住于佛之皈依处，我澈见此世光明庄严之道；

安住于法之皈依处，我学习开启转化之道上众多法门；

安住于僧之皈依处，我获得僧团光耀之助，修行无碍。

自皈依佛，我愿帮助众生，体认自身之觉性，体证慈爱之心；

自皈依法，我愿帮助众生，领会修行道，同行于解脱道；

自皈依僧，我愿帮助众生，建立四众僧团，促进一切众生的转化。[①]

① 汉地朝暮课诵的皈依词如下：“自皈依佛，当愿众生，体解大道，发无上心。自皈依法，当愿众生，深入经藏，智慧如海。自皈依僧，当愿众生，统理大众，一切无碍。”

第六章

四无量心：真爱的四种层面

四无量心是真爱的四种层面

佛世时，信奉婆罗门教者祈求死后上升天堂，永远与宇宙之神梵天（Brahma）同在。有天，一位婆罗门教徒问佛陀："我要如何做才能确保死后与梵天同在?"对此，佛陀回答："由于梵天是大爱之源，为了与梵天同在，你必须修习'梵住（Brahaviharas）'，即慈、悲、喜、舍四无量心。"

"慈"的梵语是 maitri，巴利语是 metta；"悲"的梵文、巴利原语皆为 karuna；"喜"是 mudita；"舍"的梵语是 upeksha，巴利语是 upekkha；"住"（vihara）是住所或住处之意。四梵住是真爱的住所，此住所比四星级饭店高级得多，它的水平高达一千星级。若你修习四梵住，它们会在你心中日益增长，直到遍满整个世界，因此四梵住又称"四无量心"。修习四无量心，你会变得更快乐，身边所有的人也会更快乐。

佛陀尊重每个人修习自己信仰的渴望，因此他以这位婆罗门习惯的语言来鼓舞他。若你喜欢行禅，就修习行禅，喜欢禅坐，就修习禅坐，但请保有自己犹太教、基督教的根，这才是实践佛陀精神的最佳方法。若切断了自己的根，你就不可能快乐。

若你学着修习慈、悲、喜、舍，将会知道如何治疗嗔怒、悲痛、不安、伤心、仇恨、寂寞、不良执著等病症。

有些经典注释者说四梵住并非佛陀最高深的教义，他们说四梵住无法终止一切苦与烦恼，但这种说法是不正确的。有次佛陀告诉阿难："对年轻的比丘你应教导四无量心，那么他们将会感到安心、坚强、喜悦，而无身心的苦恼，他们终其一生都会具备充分的能力，修习比丘的清净之道。"[①]

又有一次，一群佛弟子参访附近某个外道的道场，那里的修行人问："我们听说你们的老师乔达摩教授慈、悲、喜、舍四无量心，我们的导师也教导四无量心，两者有何差别?"这群弟子不知如何回应。当他们回到僧院请教佛陀时，佛陀告诉他们："任何人修习四无量心，也修习七觉支、四圣谛、八圣道，此人将达到究竟的觉悟。"[②]慈、悲、喜、舍正是觉悟者的本质，也是我们本身与每个人、每件事物内在的真爱所具备的四种层面。

---

① 《说处经》,《中阿含经》第 86 经,《大正藏》第 26 经。

② 《杂阿含经》第 744 经,《大正藏》第 2 册，第 26 经。(译按：第 743 经与第 744 经都与四无量心有关，但本章此处所说的内容较接近第 743 经，却又不完全相同。)

修习“慈”能带给人喜悦与安乐

真爱的第一个层面是“慈”，即给人快乐、喜悦的愿望与能力。为了培养这种能力，我们必须修习深入地观察与倾听，如此我们就会知道，行为举止应如何取舍，他人才会快乐。对于自己所爱的人，若你给予的事物是他或她不需要的，那就不是慈。你必须看清对方真正的处境，否则你给予的事物可能反而为对方带来不快。

在东南亚，有很多人特别喜欢一种带刺的大型水果榴莲，甚至可以说是吃上了瘾。这种水果的气味异常强烈，有些人吃完后还将果皮放在床底下，以便能继续闻它的气味。但对我而言，那种气味很可怕。有一天，当我在我们越南的佛寺中练习诵经时，佛桌上有颗供佛的榴莲，当时我正用木鱼与大磬为法器诵念《法华经》，但我根本无法专心！最后我只好将大磬倒扣在佛桌上，把那颗榴莲“关起来”，如此我才能继续诵经。诵完经后，我向佛陀问讯，然后拿起大磬，“释放”榴莲。万一你跟我说：“师父！我非常敬爱您，所以这颗榴莲请您务必尝尝。”你敬爱我，希望我快乐，却强迫我吃榴莲，那我可就有苦头吃了。这是个光有慈爱而无智慧的例子，虽然是善意的，却缺乏正确的了解。

缺乏智慧，你的慈爱就不是真爱。你必须深入观察，以明白及了解你所爱的人有何需要、期望或痛苦。我们都需要慈爱，它能带给每个人喜悦与安乐，它就如空气般自然。我们得到空气的爱，有了新鲜的空气，才能健康快乐；我们得到树木的爱，有了树木才能健康。为了得到慈爱，就必须付出慈爱，意思就是我们必须有智慧。为了让自己的慈爱能持续，我们必须采取适当的行动或“非行动”，来保护空气、树木或所爱的人。

梵语 maitri 可译为“爱”或“仁慈”，有些法师喜欢用“仁慈”，因为他们认为“爱”这个字眼太危险了，但我宁可选用“爱”。字词有时会生病，我们必须治疗它们。人们向来以“爱”来表示欲望或爱好，例如“我爱吃汉堡”。我们必须更谨慎地运用语言，“爱”是个很美丽的字眼，我们必须恢复它的根本意义。maitri 这个字源于 mitra，即“朋友”之意，所以在佛教中，maitri 的本意即是“友谊”。

我们内在都有慈爱的种子，我们可开发这种奇妙的力量之源，滋长不求回报的无私大爱。当我们深深了解某个人时，即使对方曾伤害我们，我们依然义无反顾地爱着他或她。释迦牟尼佛曾对大众宣告，下一劫成佛者名为“弥勒”（Maitreya），亦即“慈爱之佛”[①]。

修习“悲”能减轻及转化苦

真爱的第二个层面是“悲”，即解救、转化苦与减轻悲痛的愿望和能力。“悲”通常英译为 compassion（同情），但这种

---

① 汉译佛典中，Maitreya 通常音译为“弥勒”，意译为“慈氏”。

翻译并不完全正确，因 compassion 这个字是由 com（共同）与 passion（受苦）[①] 所组成，但我们无需为了解除其他人的痛苦而受苦。举例来说，医生能减轻病患的痛苦，却无需亲身经历同样的病痛。若自己受苦太深，可能会被击垮而无法帮助他人。不过在找到更适当的字眼之前，我们还是采取 compassion 这个英译词。

要在自己内心培养悲心，就得修习正念的呼吸、深入地倾听与观察。根据《法华经》的描述，观音是“以慈悲之眼观察，并深入倾听世间哀鸣”的菩萨。悲心包含深入的关注，你知道有人正在受苦，于是坐在她身边。为了能体会她的痛苦，你仔细观察并深入倾听她所说的话。这时你们处于深度的沟通之中，光是这样就能为她纾解一些痛苦。

一句慈悲的话或一个慈悲的行动或心念便能减轻他人的苦，让对方喜悦。一句话能安慰人、给人信心、破除怀疑、助人免于犯错、调解冲突或开启解脱之门；一个行动可救人一命或助人把握难得的机会；一个心念也能达到同样的效果，因为心念能引导言语和行动。倘若我们心中有慈悲，每个心念、每句话、每个行动都能创造奇迹。

当我还是个小沙弥时，我无法理解：如果世间充满了苦，佛陀为何有如此庄严的笑容？为何他对一切苦都不为所动？后来我才了解，原来佛陀有足够的智慧、平静与力量，这就是苦为何未击倒他的原因。他能对苦微笑，那是因为他知道如何处

① passion 源于拉丁文，衍生自 Pati（受苦）一词。

理苦，并转化它。我们必须察觉苦的存在，同时也要保有清醒、平静与力量，才能有助于转变情势。若有悲心，泪海就无法淹没我们，这就是佛陀能展露微笑的原因。

修习“喜”能让彼此喜悦

真爱的第三个要素是“喜”。真爱总是会为自己与我们所爱的人带来喜悦，倘若我们的爱无法让彼此喜悦，那就不是真爱。

经典的注释者们解释，快乐与身、心有关，而喜悦主要与心有关。以下是一则常见的譬喻：沙漠中的旅人看见一条清凉的水流，此时他体验到的是喜悦，而喝水之时体验到的是快乐。“现法乐住”意指“快乐地安住于当下”，我们不冲向未来，因为知道在当下一切都已具足。有很多小事都可带来极大的喜悦，例如知道自己视力正常，只要张开双眼就能看到蓝天、紫色的花朵、孩童、树木，还有其他形形色色之物。安住于正念之中，我们便能接触到这些奇妙而让人振奋的事物，喜悦之心油然而生。喜悦中含有快乐，快乐中也含有喜悦。

有些注释者说，“喜”代表“感同身受的喜悦”或“利他之喜”，即当他人快乐时我们感受到的快乐。但这种解释过于狭隘，因为有自、他之分。“喜”更深层的定义是满怀平静、满足的喜悦，看到别人快乐时我们感到欣喜，也为自己的安乐感到欣喜。倘若我们不为自己感到喜悦，又怎能为别人感到喜悦呢？喜悦，是为所有人而发的。

修习“舍”能平等地爱人

真爱的第四种要素是“舍”，意即平等心、不执著、不分别、冷静或放下。“舍”的梵语是 upeksha[①]，upa 表示“位于上方”（over），iksh 表示“观看”（look）。要爬上山，才能俯瞰纵览整个形势，不为任何一方所限。若你的爱带有执著、分别、偏见或依附，那就不是真爱。不了解佛教的人有时以为“舍”表示漠不关心，其实真正的“舍”既不冷漠，也非漠不关心。譬如说你的子女不止一个，他们每一个都是你的孩子，“舍”并不表示你不爱他们，而是你不偏心，每个孩子都享有你的爱。

“舍”有个标志称为“平等性智”[②]，即对每个人一视同仁，不分自、他的能力。在冲突对立中，即使我们极度关切，但依然保持中立，并能爱护、了解彼此，我们卸除一切分别与偏见，打破自、他之间所有界线。一旦我们视自己为爱人者而视对方为被爱者，或看重自己更胜于他人，或者认为自己不同于其他人，那么我们就不具备真正的舍心。如果我们想要了解对方并真正付出爱，就必须设身处地，与对方合而为一，如此一来，就没有“自”、“他”之分了。

没有舍，你的爱就可能带有独占欲。夏日微风可以极为清爽宜人，但若我们企图把它装进罐头里，让它完全属于自己，这阵微风将会死亡。我们的挚爱也是如此，他就如一片云、一

---

① upeksha是名词，源于动词upeksh，而此动词由词首upa加上词根iksh组成。

② 参见本书第二部第七章。

阵风、一朵花，若将他囚禁在罐子里，他便会死去。然而，许多人的行径正是如此，他们剥夺自己挚爱的自由，直到对方完全失去自我。这些人活着只是为了满足自己，而利用挚爱来帮助他们达到这个目的。这不是爱，是毁灭！你说你爱一个人，但若不了解他的愿望、需求、难处，他就被囚禁在一个名为“爱”的监狱里。真正的爱让你保有自由，也让你的挚爱拥有自由，这就是“舍”。

慈必须含有悲、喜、舍，才能成为真正的慈，悲必须具有慈、喜、舍，才能成为真正的悲，真正的喜必须含有慈、悲、舍，而真正的舍必须具有慈、悲、喜，这是四无量心相互依存的本质。当佛陀告诉那位婆罗门教徒修习四无量心时，他也给了我们所有人一项非常重要的教导。想要将真爱的这四个层面融入自己与挚爱的生活中，我们必须深入自我观察并修习它们。在许多经典中，佛陀都鼓励人们同时修习四无量心、四圣谛与八圣道，如此便永不堕苦海[①]。

① 关于四无量心与相关教理的完整解说，可参见一行禅师之 *Teachings on Love*（Berkeley：Parallax Press，1997），中译本《你可以，爱——慈悲喜舍的修行》，橡树林文化出版，2007 年。

第七章

五蕴：既不畏惧也不执著任何事物

根据佛教的说法，人是由色、受、想、行、识五蕴（skandhas）所组成。五蕴含摄一切，包括我们的内在、外在、大自然与社会。

观察色身为组合物，并无实体

“色”（rupa，形体）是指我们的身体，包括五根（眼、耳、鼻、舌、身五种感官）与神经系统。要修习身念处（于身念身），或许你会想平躺下来，练习全身放松，让身体好好地休息，然后注意自己的额头，“吸气，我觉知额头；呼气，我对额头微笑”。以正念的力量拥抱你的额头、脑部、眼睛、耳朵与鼻子，每次吸气时，就注意身体的某个部位，每次呼气时，则朝同样的部位微笑。

运用正念与慈爱的力量拥抱身体的每个部位，拥抱心、肺、胃，“吸气，我觉知心脏；呼气，我拥抱心脏”。练习以正念之光扫描全身的每个部分，并满怀慈悲与关怀地对它们微笑。以此方式扫描完全身后，你会觉得很棒。这样做只需要半小时，身体在这三十分钟内会得到彻底的休息。请好好地照顾身体，让它休息，并以温柔、慈悲、正念与慈爱拥抱它。

学习将自己的身体视为一条河流，而体内每个细胞都是一滴水，在每一个刹那中，都有细胞诞生与死亡，生与死相辅相成。想要修习身念处，请随着自己的呼吸，把注意力集中到身体的每个部位上，从头发一直到脚趾。正念地呼吸，并以正念的力量拥抱每个部位，一一辨识，并报以爱的微笑。佛陀曾说身体中有三十二个部位需要辨识及拥抱，请辨别身体中地、水、火、风四界，看清你身体内、外这四界的结合，同时在动植物、矿物界看到你的祖先与后代子孙生生不息的存在，也要觉知身体的各种姿态（行、住、坐、卧）及动作（弯曲、伸展、淋浴、穿衣、吃饭、工作等）。一旦你精通了这种修习，在受（感受）与想（感知）生起时，你就能觉知它们，并能练习深入地观察它们。

要见到自己色身无常与相互依存的本质，并观察到身体并无恒常不变的实体，如此你就不会将自己完全认同于色身，以为身体即是“我”。要看清身体是组合物，缺乏任何可称为“我”的实体。视身体为海洋，它充满了潜伏的波浪与海怪，有时风平浪静，有时你可能会困于海上的暴风雨中。你要学习平息浪潮、驯服海怪，别让自己被海浪卷走或被海怪抓住。有了深入的观察，色身便不再是一种“取蕴”（upadana skandha，执取之蕴），你就能安住于解脱，不再为恐惧所缚。

拥抱感受，培养无畏

第二种蕴是“受”(vedana，感受)。我们内在有条感受之河，河里的每一滴水都是一个感受。要观察自己的感受，我们可坐在河岸边，在每个感受流经时一一辨别。它可能是乐受、苦受或不苦不乐受，每种感受逗留一段时间后，另一个感受又生起。禅修就是要觉知每个感受，辨识出它，对它微笑，深入地观察，然后全心地拥抱它。若继续深入地观察，就会发现感受的真实本质，我们就不再感到害怕，即使对苦受也是如此。我们知道自己并不仅仅是感受而已，我们还能拥抱每个感受，并好好地照顾它。

深入地观察每种感受时，我们辨别其根源在于色(身体)、想(感知)或意识深处之中。了解一种感受正是转化它的开端，即使是强烈的情绪，我们也要学习以正念拥抱入怀，直到它们平复为止。我们要修习正念的呼吸，将注意力集中于腹部的起伏上，并悉心照料自己的情绪，一如照顾尚在襁褓中的弟妹。我们练习深入地观察自己的感受与情绪，并辨认出是哪一种食助长及形成它们[①]。

我们知道，若能提供自己更健康的食，就可转化感受及情绪。我们的感受是组合物，并非恒常不变，也不具实体。我们学习不去认同感受，不将它视为“我”，不在它之中寻求皈依，

---

① 参见本书第一部第七章。

也不因它而死。这种修习帮助我们培养无畏，并让我们从执著的习气，甚至是执著苦的习气中解脱出来。

以智慧取代“想”，获得自在

第三种蕴是“想”(samjña，感知)。我们内在有条感知之河，“想”生起了，持续一段时间后消逝。想蕴包含作意、安立名相(命名和概念化作用)，以及能想(能感知者)与所想(所感知的对象)。当我们在“想”(感知)时，经常会扭曲感知的对象，而造成许多苦受，换句话说，我们的“想”经常是错误的，因而使自己常常受苦。深入地观察“想”的本质，不对任何事过于自信，这非常有帮助。过于自信会让自己受苦，“我确定吗?”这是个非常好的问题。若我们如此自问，将有绝佳的机会再次去细察，看看自己的“想”是否正确。能想与所想是不可分的，当感知者以错误的方式感知，所感知的事物也会不正确。

从前有个人正划船逆流而上时，突然看见另一艘船迎面而来。他大叫：“小心！小心！”但那艘船正对着他直冲过来，差点就撞翻了他的船。此人怒气冲天，开始咆哮，但他仔细一瞧，那艘船上根本空无一人，它是自行顺流漂下来的，于是他哈哈大笑。当我们有正确的“想”时，会感到比较好过，若我们“想”错误时，就可能引起许多苦受。所以我们必须深入地观察事物，就不会被误导而陷入痛苦与令人难过的感受之中。对我们的安乐而言，“想”是非常重要的。

我们的“想”受到内心现有的许多苦恼所制约，例如无明、贪爱、仇恨、嗔怒、嫉妒、恐惧、习气等。我们缺乏澈见事物无常与相互依存本质的洞见，且在如此的基础上去感知现象。倘若我们修习念、定与深入观察(慧)，便可发现自己感知的错误，而解脱恐惧与执著的束缚。一切苦都由错误的“想”而生，而禅修的结果——智慧，能消融错误的“想”，让我们获得自在。我们必须时时警觉，且永远都别以自己的“想”为依归。《金刚经》提醒我们：“凡所有相，皆是虚妄。”我们应能以般若——真实见、真实知，来取代“想”。

觉知心所，一切无常

第四种蕴是“行”(samskara，心所)。任何由其他要素构成的事物都是一种“行”：花是一种“行”，因为它是由阳光、云、种子、土壤、矿物质、园丁等构成的；恐惧也是“行”，一种心所；我们的身体是“行”，一种生理的“行”；受蕴与想蕴也是“行”，但因它们非常重要，所以自成一类。根据北传佛教唯识宗的说法，“行”(心所)共有五十一种。

这些心所中的四十九种(除了受蕴、想蕴以外)都包含在行蕴之中，所有五十一种心所全都以种子(bijas)的形态存在于我们的藏识深处。每当触动一颗种子，它就会在意识的表层显现为一种心所。修行即是要觉知心所的显现与存在，并深入地观察它们，以便明了其真实的本质。因为我们知道一切心所皆无常，且不具实体，我们就不会认同行蕴，也不会以它为依归。透过日常的修习，我们将能滋养与增长善的心所，并转化不善的心所，而自在、无畏与安详即是如此修习的果。

转化意识，成就个人与群体

第五种蕴是“识”（vijñana）。此处的识指的是藏识，它是我们存在的基础，也是我们一切心所的基础。例如喜悦、安详、智慧、慈悲、失念、嫉妒、恐惧、绝望等心所未现行时，就是以种子的形态蛰伏于藏识之中。有五十一种心所，就有五十一种不同的种子深埋在藏识中。每当我们浇灌其中一颗种子，或允许其他人浇灌它时，那颗种子就会现行，而成为一种心所。我们对自己与他人会浇灌哪些种子必须小心谨慎，若让内在的负面种子获得水分，我们可能就会被它所淹没。识蕴包含色、受、想、行四蕴，也是这四蕴存在的基础。

然而，识蕴既属于群体，也属于个体。集体意识由个人意识所组成，个人意识也由集体意识所构成。我们的意识可透过正念地消费、正念地守护六根及深入地观察等，而从根本上得到转化，这种修习应该以自己识蕴中个人与群体双方面的转化为目标。要达到如此的转化，与僧团共修是极为重要的。当我们转化了内心烦恼时，识即转为智，光耀十方，并向个人与整个社会指出解脱之道。

深入观照五蕴而脱离苦

五蕴彼此相互依存。苦受生起时，请深入地观察自己的色、想、行与识蕴，看清造成苦受的原因何在。如果是头痛，苦受就来自色蕴，但苦受也可能来自行蕴或想蕴，例如你的苦受可能来自于自以为某人恨你，但实际上那人是爱你的。

深入地观察自己这五条河流，看清其中任何之一如何含摄其余四者。例如观察色之河，起初你可能认为色蕴只是生理现象而非心理现象，然而，你体内每个细胞都包含其余所有层面。今天人类已有可能从体内取出一个细胞，然后复制出一个完整的个体，这称为“复制”（无性生殖）。“一”含摄一切，你体内的一个细胞含摄你整个色身，也含摄受、想、行与识，且不只属于你，也属于你的双亲与祖先。每一蕴都含摄其余诸蕴，以受蕴为例，每种感受都包含所有想蕴、行蕴与识蕴，因此深入地观察一种感受，就能发现一切。以相互依存的角度来观察，你将会看到一即一切，一切即一。请别认为色蕴存在于受蕴之外，或受蕴存在于色蕴之外。

佛陀在《转法轮经》中说：“执取五蕴，即是苦。”他并未说五蕴本身是苦。在《宝积经》（*Ratnakuta Sutra*）中，有一景对我们很有帮助：有个人丢掷土块去打一只狗，狗对着土块狂吠不已，它不明白该负责的是那个人，而不是那块土。佛在此经中接着说：“同样的，困于二元对立观念的凡夫，以为五蕴是苦因，但其实他受苦的根源，是在于不了解五蕴无常、无我、缘起等本质。”[1]让我们受苦的并非五蕴，而是我们对待它们的方式。当我们观察一切存在的无常性、无我性与缘起性时，将不会厌恶生命，这样的认识，甚至有助于我们看到一切生命的可贵。

当我们不能正确地理解事物时，便会执著它们，而被其所束缚。《宝积经》使用了“蕴”（skandha）与“取蕴”（upadana skandha）这两个词。“蕴”是构成生命的五蕴，“取蕴”同样是这五蕴，不过是作为我们执取的对象。我们受苦的根源并非五蕴，而是自己的执取。有些人由于无法正确地认识苦的根源，因此畏惧六尘[2]，也厌恶五蕴。所谓“佛”就是生活在安详、喜悦、自在之中的人，既不畏惧也不执著任何事物。

我们随着每个呼吸调和自身的五蕴，这就是真正的修行。然而，修行并非把我们局限在自己的五蕴之中，而是同时要觉知此五蕴是根植于社会、大自然，以及与我们共同生活的人之中。你要以自身五蕴的聚合为对象而禅修，直到能看见你自己与整个宇宙合一。当观世音菩萨深入地观照五蕴的实相时，他看见了自我的空性，于是解脱苦。若我们能精进不懈地深观五蕴，同样也能解脱苦。一旦五蕴回归其本源，自我亦不复存在。看见一即一切，即打破了执著于“我”的邪见，这是一种以为“自我是能独立存在的不变实体”的信念，打破这种邪见，即解脱了一切苦厄。

---

① 《宝积经》第 23 品（译按：应出自第 43 品《普明菩萨会》，《大正藏》第 11 册，第 635 页。）

② “六尘”即是指色、声、香、味、触、法等六种感官对象。

第八章

五力：经营我们自己身心的发电站

以正念回归自己的天堂

我与兄弟姊妹从小生长在越南中部，下雨时，我们总爱跑到屋外的院子里“淋浴”，当时我们好快乐！一会儿后，母亲会叫我们进屋吃一碗腌豆苗拌饭或咸鱼拌饭。我们就捧着碗坐在门口，边吃边看着雨滴不断落下。我们无忧无虑，不想过去、未来或任何事，只是快快乐乐地在一起，享受快乐的时光与食物。新年那天，母亲会准备特别的糕点，我们嘴里嚼着糕点，跑到户外跟小猫、小狗玩耍。有时身上穿着浆过而硬挺的新衣，走起路来还会发出窸窸窣窣的声音。当时我们真以为置身天堂。

随着年龄的增长，我们开始为课业、穿着、工作、养家糊口等担忧，更遑论战争、社会的不公与其他众多难题了。我们以为已失去了天堂，但其实只要记得如何为心中的天堂种子浇水，就能再度创造真正的快乐。即使在今天，你我都能在每次正念地呼吸中回归自己的天堂。我们真正的家不仅在过去，它就在当下，而正念是可在日常生活中产生的能量，它能引领我们回到自己的天堂。

修习五力，耕耘藏识之田

五根（indriyani）是能帮助自体产生这种能量的动力制造厂，而五力（balani）是这种能量的运作。所谓五根或五力，即信、精进、念、定、慧。作为五根，它们就如发电厂；作为五力，它们则有能力推动八圣道中所有要素，一如电力显现为光或热。

五力之首是“信”。具有正信时，我们的内在会释放出很大的能量。若无洞见为前导，而将信心放在不可靠或虚妄不实的事物上，这种信心早晚会转成怀疑；但若信心是由洞见与智慧所构成，就能触及真、善、美。我们修习佛法，以克服困境而达到某种转化，此时获得的信心就是自信，犹如农夫对自己的耕作法所具有的自信。这并非盲信，也不是对一套观念或教条的信仰①。

第二种力是“精进”。这是让修行充满喜悦的能量。信心生起精进，而精进又接着强化信心。我们因为有精进之力的推动才能真正地活着，我们双眼发亮，步伐坚定②。

第三种力是“念”。我们运用念的力量以深入观察，具备深刻的洞见。禅修是产生念的动力装置，无论禅坐、吃饭或洗碗时，我们都能学习摄心正念。正念让我们能深入地观察，对当

---

① 关于“信”，详见本书第三部第五章。

② 关于“精进”，详见本书第二部第六章，以及本书第三部第十章。

前发生的一切了如指掌。正念是犁，是锄头，也是灌溉洞见的水源，而我们是园丁，整地、播种、浇灌自己内在的善种[①]。

第四种力是“定”。我们需要定，才能深入地观察与澈见。在吃饭、洗碗、行、住、坐、卧、呼吸或工作时保持正念，我们便是在培养定力。念引生定，而定引发慧与信，我们的生活因为有这四种特质而充满喜悦与活力(即精进力)[②]。

第五种力是“慧”或洞见。这是深入观察与澈见的能力，修习此能力可产生对事物的理解。看得清楚，就能舍离虚妄不实，信心也会成为正信[③]。

当这五种动力制造厂正在运作，产生电力时，它们就不只是五根而是五力。制造某种东西和具备它们所引发的力量，这两者之间是不同的。倘若身、心的能量不足，这五所发电厂就需要维修，而当发电厂正常运作时，我们就能产生修行与安乐所需要的能量。

藏识含藏这一切能量的种子，当喜悦或嗔怒尚未浮现于意识时，我们可能会说：“我没有这种情绪。”但我们的确有情绪，只是埋在意识底下的藏识中，当因缘齐备时，种子将会现行。我们可能说：“我不生气，我心里没有怒气。”但我们的潜意识中仍有嗔怒。每个人都有蛰伏的嗔怒种子，一直潜藏在底下的藏识中。修行时，我们努力灌溉正向的种子，同时让负面的种子保持蛰伏的状态。我们不说：“除非我去除内心所有的恶种，

① 关于“念”，详见本书第二部第三章。

② 关于“定”，详见本书第二部第七章。

③ 关于“慧”，详见本书第三部第九章。

否则我无法修行。”假如你去除所有恶种，你的修行将无任何下手处。目前，我们需要以内在一切的不善种子修行，否则负面种子将会茁壮，而造成很大的痛苦。

修习五力，就是耕耘藏识这块土地，播下善种且加以灌溉，然后当这些种子成长，开花结果而出现在意识时，会将更多的善种撒遍藏识。若想让善种留在意识中，你需要让善种持续存在的条件，“相同性质的果”将会在你心中重新种下善种[①]。

众生有佛性，人人可成佛

《法华经》说：“一切众生皆有佛性。”在适当的因缘下，我们内在的佛性种子将会成长。佛性种子亦可称为正念的种子，或深观、智慧与正信的种子。这些其实都是同一个种子，而修行就意味着促使此一妙种现行。当我们正念分明时，定力就已现前；处于定中，就有洞见与智慧；有信心，就会精进。正念既是我们内在的佛种，定也因此早已存在于这颗正念的种子中。

“佛陀”（Buddha）这个名号源于动词词根 budh，意即觉醒、了解、深入明了当下发生的事。当明了、了解、醒悟实相之际，即有正念，因为正念意味看见并了解当前发生的情况。我们所见是深或浅端视自己觉醒的程度，每个人内在的佛种或觉醒、了解的能力，便称为“佛性”，那是觉知当下发生情况的正念种

① 参见本书第三部第十一章。

子。若我说："未来佛！这朵莲花献给你。"这句话代表的意思是："我清楚地看见你内在的佛性。"你可能很难接受自己内在存有佛性种子，但我们都有正信、觉悟、了解与觉知的能力，而那就是"佛性"之意，人人都可成佛。

然而，对我们而言，寻觅中的宝藏却一直隐而不现。请别再像《法华经》中那位身怀珍宝却四处寻宝的人，请回到自身中继承真正属于自己的遗产，别在自身之外寻求快乐，别以为自己没有快乐，快乐就在你的内心。

常不轻菩萨不可能讨厌任何人，因为他知道每个人都能成佛，因此无论老幼，他都会对人说："我不敢轻于汝等，汝等皆当作佛。"一听到这句话，有些人满心喜悦，信心油然而生，但也有些人以为受到嘲笑，于是大声辱骂，且以石块攻击他。无论如何，常不轻菩萨一生都如此修持，提醒人们其本具的觉醒能力。为何你还在世间到处流浪，寻找自己早已拥有的东西呢？你本来就是世上最富有的人啊！

培养喜悦，修习慈爱

对于认为无法爱自己的人，我们该如何伸出援手呢？为了让她展露笑靥，我们该如何帮助她触及其内在本有的慈爱种子，使它开花？身为益友，我们必须学习深入地观察自身与他人的识蕴，如此才能帮助朋友培育慈爱的种子，促使她展现爱的能力。

其实还有第六种力，称为"包容力"或"忍"。快乐的能力非常珍贵，面临困境时依然能感到快乐的人，有为自己和他人带来光明与喜悦的能力。亲近这样的人，我们也会感到快乐。处逆境而不改其乐的人即使入地狱，也会以欢乐的笑声照亮地狱。有位菩萨名叫“地藏”，他的修持法是跳入苦的深渊，为他人带来光明与欢笑。如果你的共修团体有这样一个快乐微笑的人，且不论在任何处境都拥有信心，那就是个很好的僧团。

问问自己：“我是这样的人吗？”乍看之下，你可能因为有种自卑感，而认为自己不是，这也是一种骄慢[①]。请听从常不轻菩萨的劝告，深入地观察自己的藏识，承认其中含藏着快乐的种子，以及爱与快乐的能力。要常常心存喜悦。或许你认为洗碗是卑贱的工作，但当你卷起衣袖、扭开水龙头、注入洗洁精时，你可以感到无比的快乐。正念地洗碗，你可亲眼目睹生命有多么奇妙。每一刻都是让你灌溉心中快乐种子的机会，若你在任何环境都能培养出快乐的能力，就能与他人分享自己的快乐。

除此之外，你可能会想：这是个令人不愉快的情况，我得脱离这里到他处去，于是你会像浪子般四处流浪。一旦领悟自己无论身在何处都能快乐时，你便能在当下落地生根，而接受于当下发生的任何情况，并让它们成为自己生命与快乐的源泉。阳光普照时，你感到快乐，大雨倾盆时，你也快乐。无需到其他任何地方去，也不必奔向未来或回到过去。当下一切都是你自家之物，一切让人快乐的情况都已现前，只要你碰触自己本有的快乐种子即可。

---

① 骄慢有三种：（一）自以为比他人优秀；（二）自以为比他人低劣；（三）自以为与他人一样优秀。此处的自卑感属于第二种。

你走进一座有人悉心照料的花园，看到一朵鲜嫩美丽的玫瑰时，你若摘取必然会碰到刺。玫瑰就在眼前，而花刺也同时存在，你得设法了解那些刺才能把花摘下。修行也是如此，请别说因为有刺，所以无法快乐；请别说因为心中仍有悲伤、嗔怒，所以无法享受任何事物。你必须了解如何处理自己的悲伤、嗔怒，才不会失去喜悦的花朵。

当结使与痛苦蛰伏于藏识时，正是我们练习灌溉正面种子的好时机。当苦受进入意识时，我们必须正念地呼吸、行禅，以处理这些感受。为了使更多快乐的种子进入藏识中，请勿错失灌溉快乐种子的良机。

佛陀即将入灭时，侍者阿难伤心哭泣，佛陀安慰他："过去诸佛都有很好的侍者，但阿难，他们都比不上你。"此时佛陀正在灌溉阿难心中快乐的种子，因为阿难一直全心全意地侍奉佛陀。佛陀对阿难说："阿难！那一望无际的金黄色稻田真美！你看到了吗？"阿难回答："看到了，世尊！这些稻田的确很美。"因为阿难总挂念着要照顾佛陀，而无法摘取平日生活中的"玫瑰"，所以佛陀总是一再地提醒他注意美的事物。

看到天际的云彩时，问你的朋友："你看见那片云吗？真是灿烂耀眼，对不对？"我们要如何生活，才能天天灌溉心中的快乐种子呢？答案是培养喜悦，修习慈爱。当我们具有正念的力量时，便可轻易地修习它们；若缺乏正念，我们如何能看见美丽的稻田？如何能感受到可爱的雨滴呢？当我吸气时，我知道雨正不断落下；呼气时，我对着雨微笑。当我吸气时，我知道雨是生命不可或缺的一部分；呼气时，我再度微笑。正念帮助我们重拾自以为早已失去的天堂。

安坐于自家天堂中

我们想回到自己真正的家，却又有“逃家”的习惯，想坐莲华座，却反而在火红滚烫的木炭上坐立难安。若能安稳地坐在当下，我们就如坐在莲华上。佛陀的造型总是安详地端坐莲华上，因为他一直待在自家中，无需四处奔跑。享受安坐于当下就称为“只管打坐”或“非行动”，释广德比丘就能安详地坐着，即使身上着火，烈焰吞噬全身也毫无改变，依然坐在莲华上[①]。这是在明了“无一物可失”的情况下，安坐于任何环境的最高能力。

于一切处皆能平静的能力，就是一种正面的种子，但想逃离的动力却不是。倘若我们修习正念，无论企图逃避的力量何时生起，我们都能微笑地面对它说：“嗨！老朋友，我认得你。”任何习气一经辨识，其影响力多少会减弱。每次魔罗出现时，佛陀都说：“我的老友，我认得你。”于是魔罗就逃逸无踪。

在《三弥提经》(*Samiddhi Sutra*)[②]中，佛陀教导我们要修行，才能在当下享有快乐。我们无需逃离或舍弃现在的家，而

---

① 参见本书第 87 页注①。

② 《相应部·诸天相应》(*Devata–samyutta*)，另见《迦旃延一夜贤者经》(*Kaccana–bhaddekaratta Sutta*，《中部》第 133 经)与《温泉林天经》(《中阿含经》第 165 经，《大正藏》第 1 册，第 696b 页)。

去追寻所谓的天堂，那是个虚幻不实的家，其实它只是快乐的影子而已。当我们在自己的发电厂产生信、精进、念、定、慧时，便能证知我们真正的家早已充满光明与力量。

第九章

六波罗蜜：去到安详、无畏、解脱之岸

修习六波罗蜜，到安乐的彼岸

六波罗蜜是大乘佛教的教义之一。“波罗蜜”（paramita）英译为 perfection（圆满、完成）或 perfect realization（圆满的证悟），汉译为“度”，意指“到彼岸”，彼岸即安详、无畏、解脱之岸。修习波罗蜜的修持可成为日常生活中的修行：我们在痛苦、愤怒、沮丧的此岸，想要到达安乐的彼岸。为了达到此目标，我们必须有所作为，那就称为“波罗蜜”。我们回归自我，修习正念地呼吸，正念地观察自己的痛苦、愤怒与沮丧，并报以微笑。当我们如此做时，即超越了自身的痛苦而到达彼岸，我们每天都可以修习“波罗蜜”。

每当你正念地跨出一步，就有机会离开悲伤之地，走入喜悦之境。当下即可到达净土，天国是我们心中的一颗种子，知道如何在湿润的土壤培育这颗种子，有天它将会长成一棵大树，而有众鸟群集栖息。无论何时，当你感到有需要时，请随时修习跨越到彼岸。佛陀说：“切勿期望彼岸出现在眼前，若想到达安稳、安乐、无畏、无嗔的彼岸，你得自己游泳或划船过去。你必须精进！”此精进即指修习六波罗蜜：

(一)布施波罗蜜——布施、供养、慷慨大方。

(二)戒波罗蜜——戒律或正念学处。

(三)忍辱波罗蜜——包容力，即能接受、忍耐及转化一切敌人或爱你的人加诸你身上的痛苦。

(四)精进波罗蜜——勤奋、热力、坚忍不拔。

(五)禅定波罗蜜——禅定。

(六)般若波罗蜜——智慧、洞见、理解。

修习六波罗蜜，帮助我们到达解脱、和谐与良好关系之彼岸。

布施波罗蜜——给予即获得

到彼岸的第一个练习是布施波罗蜜。所谓“布施”，首先意味着给予快乐、喜悦与爱。在亚洲有种叫韭菜的草本植物人尽皆知，可加在汤里、炒饭或煎蛋都很美味。这种植物它的再生能力很强，每次割除不到二十四小时就会重新再长出来，而且采收得愈频繁，长得愈是茂盛。这种植物可以代表布施波罗蜜：丝毫不为自己私藏，只想要布施。当我们布施时，对方或许会感到快乐，但可以肯定的是，自己绝对会很快乐。在佛陀许多的本生故事中，都谈到了他修习布施波罗蜜的经过[①]。

我们能布施给别人最宝贵的礼物，就是我们真实地存在。我认识一个小男孩，有次父亲问他："你想要什么生日礼物?"孩子支支吾吾地不知该如何回答。父亲很富有，买得起任何他想要的礼物，但一天到晚忙着赚钱，以致很少在家，所以孩子最后说："爸爸，我想要'你'!"这其中的寓意很明显：若爱一个人，就要为对方而真实地存在。当你赠予这份礼物的同时，你也获得喜悦这份礼物。请学习借由禅修而让自己真正地活在当下。当你正念地呼吸时，就让身、心合一。"亲爱的！我为了你而存在。"这是你在修习布施波罗蜜时，可持诵的一句真言。

其他还能布施什么呢？布施我们的安定。"吸气时，我将自己视为一座山；呼气时，我自觉稳如泰山。"我们的挚爱需要我们的坚定与安稳。借由正念地呼吸、步行与安坐，并享受深入地活在每一秒中，我们可培养自己的安定力。安稳即是涅槃的特征之一。

其他还能布施什么呢？布施我们的解脱自在。除非我们解脱贪爱、嗔怒、嫉妒、绝望、恐惧与错误的"想"等烦恼，否则不可能有快乐。解脱自在也是涅槃的特征之一。有些快乐其实会毁灭我们的身、心与人际关系，所以解脱贪爱是一种重要的修行。要深入地观察能为自己带来快乐的事物所具有的本质，看清那是否真的使我们的挚爱受苦，想真正活得自在，就得明白这一点。回到当下，接触生命中伸手可及的奇迹，此刻就有

① 参见任何一种《本生经故事》的译本。

许多能让我们快乐又有益的事物，例如壮丽的日出、蓝天、山川与周遭所有可爱的脸庞。

其他还能布施什么？布施我们的清新朝气。“吸气时，我将自己视为一朵鲜花；呼气时，我感到清新有朝气。”你可如此呼吸三次，让自己立即恢复鲜花般的生气。多棒的礼物！

其他还能布施什么？布施“安详”。能坐在安详的人身旁是件美妙的事，我们从那份安详中获益甚多。“吸气时，我将自己

【图三】波罗蜜之花

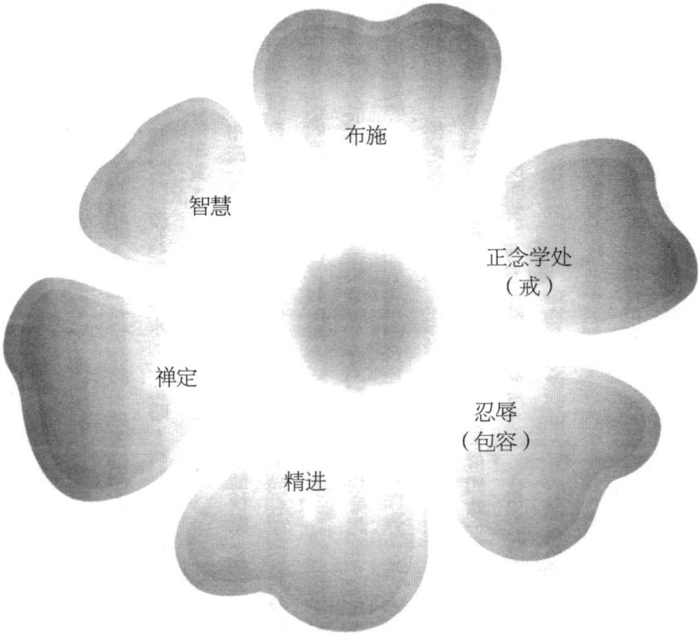

视为一池静水；呼气时，我如实映照万物。”我们可将自身的安详、觉照赠予自己的挚爱。

其他还能布施什么？布施“空间”。我们的挚爱需要空间才能快乐，例如插花时，每朵花都需要一定的空间才能真正展现它的美。人也像一朵花一样，内心和周遭的环境若无足够的空间，就无法快乐。我们无法在市场里买到这些礼物，必须借由本身的修持来制作。我们布施愈多，所拥有的就愈多。我们的挚爱快乐时，自己也会立刻快乐起来。因为对人布施的同时，也是在对自己布施。

布施是绝佳的修行。佛陀曾如此开示：“当你对某人生气时，若尽了一切努力而仍有怒气，就修习布施波罗蜜吧！”生气时，我们往往想要惩罚对方，但如此一来只会让痛苦有增无减。佛陀建议我们别如此做，反而要送对方一份礼物。没有人会在生气时想出门买礼物，因此，你最好趁现在心平气和时抓紧机会准备礼物，然后当所有方法都失效时，将准备好的礼物寄给对方，很神奇地，你立刻会觉得好过多了。

国与国之间也是如此。为了使以色列拥有和平与安全，以色列人必须设法保障巴勒斯坦人的和平与安全；而为了使巴勒斯坦人拥有和平与安全，他们也要确保以色列人的和平与安全。你布施什么，就会获得什么。别企图惩罚别人，反而要赠予他们所需之物。修习布施能让人很快地到达安乐的彼岸。

有人让你受苦时，那是因为他们自己也深受痛苦，且苦不堪言，此时他们所传达的讯息是需要帮助，而非惩罚。倘若你能看出这一点，请给予他们当下所迫切需要的，那就是减轻痛苦。安稳、快乐并非个人之事，对方是否安全、快乐，也决定了你自己是否安全、快乐。真心诚意地祈愿对方安全、快乐，那么自己也将感到安全、快乐。

其他还能布施什么？布施“智慧”。智慧是修行之花。全神贯注于某个对象，深入地观察，那么你将会具备洞见与智慧。当你把智慧布施给他人时，对方的痛苦会立即停止。

波罗蜜之花的第一片花瓣是布施波罗蜜，也就是修习付出、赠予。你所给予的正是你所得到的，其速度比人造卫星所发射的信号还快。无论你布施的是自己的真实存在、安定、朝气、安稳、解脱自在或智慧，你的礼物都能创造奇迹。布施波罗蜜即是修习慈爱。

戒波罗蜜——慈爱的表现

第二个练习是戒或正念学处的圆满，即戒波罗蜜。正念五学处有助于保护我们的身心、家庭与社会。

正念第一学处是关于人类、动植物及矿物等生命的保护，保护其他众生就是在保护自己。第二学处是避免人类剥削其他生物或大自然，这也是修习布施。第三学处是保护孩童与成人不受性侵害，以维护个人与家庭的幸福。有太多家庭毁于不当的性行为，而当你修持正念第三学处时，正是保护你自己、家人与伴侣，也有助于让其他人获得安全感。正念第四学处是修习深入倾听与爱语。正念第五学处则与正念地饮食及消费有关[①]。

修习正念五学处是一种慈爱的表现，也是一种布施。它确保我们家庭、社会的健全与维护，所以戒波罗蜜是我们能献给社会、家庭与我们挚爱的一份大礼。我们可奉献给社会的最珍贵礼物，莫过于修习正念五学处。我们的生活若能奉行正念五学处，就是在保护自己与挚爱，而修习戒波罗蜜时，我们就是在布施生命中最珍贵的礼物。

让我们一同深入地观察个人与全体受苦的原因，如此一来，我确信我们将会发现，正念五学处是对治当代弊病的良药。每个传统都有相当于正念五学处的行为准则。每当看到有人受持正念五学处，我都会感到非常高兴——为这个人与他的家庭，也为我自己，因为我知道正念五学处是修习正念最具体的方法。为了能深入地修习它们，我们身边需要一个僧团。

忍辱波罗蜜——具备广大的心量

波罗蜜之花的第三片花瓣是忍辱波罗蜜。“忍辱”是接受、拥抱与转化的能力。梵文 kshanti 一词通常英译为 patience（耐心）或 forbearance（忍耐），但我相信 inclusiveness（包容）更能传达佛陀的教导。修习忍辱时，无需受苦或忍耐，即使必须接受苦难与不公时也是如此。例如某人的言行激怒我们，因为他们将不公之

① 关于正念五学处，详见本书第二部第四、五章论及正语与正业的部分。另见一行禅师著作 *For a Future To Be Possible*。

事加诸我们身上，然而我们若心量够宽广，就不会因此而受苦。

佛陀曾教示以下这个绝妙的意象：若你在一小碗水中加入一把盐，这碗水会变得太咸而无法入口，但若将同样一把盐投入大河中，人们依然能饮用这河中的水（别忘了这则教导出现在两千六百年前，当时还能汲取河水饮用）。因为河水宽广，所以能接纳及转化，不会因为一把盐而受苦。

倘若你心量狭小，那么一句不公平的话或一个行为，就会令你痛苦。若你的心量很大，又有智慧与慈悲，同样一句话或一个行为就不会使你痛苦，你在一瞬间就能接受、拥抱并转化它，重要的是你自己的心量。要转化自身的苦，心量必须广如大海，其他人也许因一句不友善的话受苦，但若是菩萨听到了，便会将这句话照单全收而丝毫不觉其苦。这全取决于你接受、拥抱与转化的方式。若你的痛苦持续太久，那是因为你尚未学会修习忍辱或包容力。

当佛陀的儿子罗睺罗 18 岁时，佛陀曾对他做了一次绝妙的佛法开示，教他如何修习忍辱。罗睺罗的家师舍利弗当时也在场，所以也同时亲闻领受了教导。12 年后，舍利弗有个机会向比丘、比丘尼众重述这次的开示，当时是三个月夏安居[①]结束的翌日。比丘们正准备离开僧院，各自去四处行脚弘法，这时有位比丘向佛陀告状："世尊！今天早晨舍利弗尊者即将动身时，我问他要前往何处，他不但未回答我，反而将我推倒在地，连一句对不起也没说。"

---

① 夏安居即是僧众于雨季期间为期三个月的闭关。

佛陀询问阿难："舍利弗走远了吗？"阿难回答："世尊！不远，他一个小时前才离开。"于是佛陀请一位沙弥去找舍利弗回来。沙弥将舍利弗带回来时，阿难召集僧院中所有比丘，然后佛陀步入会堂，正色地对舍利弗说："舍利弗！今天早上你要离开僧院时，有个师兄弟想问你问题，你是否未回答他，反而将他推倒，连一句道歉也没有？"对于佛陀的询问，舍利弗在所有同修道友前回答佛陀[①]：

世尊！我记得12年前您在罗睺罗比丘18岁时对他的开示，为了滋养及增长慈、悲、喜、舍的德行[②]，您教他观地、水、火、风的本质，虽然您是对罗睺罗开示，但我也从中学习并一直努力观察及修习这项教导。

世尊！我一直努力以地为师而修行，大地宽广开阔，具有接受、拥抱与转化的能力。无论人们将鲜花、香水、鲜乳等清净芳香之物投掷在地，或将粪溺、血污、涕唾弃之于地，大地都一视同仁，平等接纳，而无爱憎。无论你将何物丢掷于地，大地都能接受、拥抱及转化它。我尽全力以地为师而修行，努力接纳一切，不抗拒，不抱怨，不以为苦。

世尊！我修习正念与慈心。比丘若不于此身中念

① 《舍利弗狮子吼经》〔《增支部》第9集，第11（安居）住〕。另见《大般涅槃经》。

② 佛陀也教授慈、悲、喜、舍四无量心，以帮助我们扩展心量，如此一来，每当有人让我们痛苦或对我们不公平时，我们无需感到痛苦。参见本书第三部第六章；另见一行禅师作品《你可以，爱——慈悲喜舍的修行》。

身、于身行中念身行[①]，就可能推撞同修，让他倒在地上而不道歉。然而，对同修动粗，把他推在地上，然后不说抱歉就走开，这并非我的作风。

世尊！我也一直将您对罗睺罗的教导谨记在心，以水为师而修行。无论人们投入水中之物是净或秽，水都平等接受而无爱憎。水广阔无边，奔流不息，能接受、容纳、转变及净化这一切物质。我尽全力以水为师而修行。比丘若不修习正念，不以水为师而修行，就可能将同修推倒在地，连一句"对不起"也不说，便径自走开。但是我并非这种比丘。

世尊！我也一直以火为师而修行。火燃烧一切，无论净、秽、美、丑而无爱憎。将鲜花、丝绸投入火中，火会燃烧；将破布与其他臭秽之物丢入火中，火也接纳而燃烧殆尽，不起分别。为什么？因火能接纳、吞噬、燃烧投入其中的一切。我一样尽力以火为师而修行，能燃尽负面的事物而加以转化。比丘若不正念于眼见、耳闻与观想，就可能推倒同修，径自走开而不道歉。世尊！我并非这种比丘。

世尊！我一直以风为师而修行。风挟带一切气味，无论香或臭，而无爱憎，它能转变、净化、释放。世尊！我一向于身念身，于身之运动念身之运动，于身之姿势念身之姿势，于受念受，于心念心。比丘若不

① 详见本书第二部第三章。

修习正念就可能推倒同修，径自走开而不道歉。我并非这种比丘。

世尊！我就如贱民之子[①]无衣可穿，也无任何头衔或勋章可佩带在褴褛的衣衫上。我一向修习谦卑，因我知道谦卑具有转化的力量，所以每天努力学习。不修正念的比丘可能会推倒同修，径自走开而不道歉。世尊！我并非这种比丘。

舍利弗继续发出“狮子吼”，但原先告状的比丘再也受不了，于是偏袒右肩[②]，长跪向佛请求原谅：“世尊！我违犯戒律。我因嗔怒、嫉妒，所以说谎诬赖长老舍利弗。我乞求僧团允许我忏悔，后不复犯。”在佛陀与整个僧团面前，这位比丘向舍利弗礼拜三次。眼见同修对自己礼拜，舍利弗也对他问讯，说道：“我还不够善巧，所以才会造成误解。这件事我也有责任，我也恳请你原谅我。”说完，舍利弗也对他礼拜三次，两人重修旧好。事后，阿难请舍利弗留下来喝杯茶再动身出发。

压抑自己的痛苦并非佛法所谓的忍辱或包容，我们必须接受、拥抱痛苦，并转化它。要做到这点，除了扩展自己的心量之外别无他法。必须深入地观察，才能理解而原谅，否则就会陷入嗔怒与怨恨的深渊，以为只要惩罚对方就会觉得好过。报

---

① 贱民（untouchable），原文直译为“不可碰触者”，印度社会中被排拒于种姓制度之外的人，从事的行业多半是清扫、处理秽物等杂役，极为卑微。

② 偏袒右肩，即披着袈裟时袒露右肩，覆盖左肩，以示尊敬，为古印度礼节，在佛教中也有便于服劳役的用意。但偏袒右肩在此为僧众忏悔的程序之一，其余应行的礼节有右膝着地、合掌、坦白叙述自己违犯的戒律、伏地礼拜等共有五项。

复是一种有害的食，助人的心意才是有益的食。

修习忍辱波罗蜜，我们需要其他波罗蜜相辅相成。如果我们所修习的忍辱不符合智慧、布施与禅定波罗蜜，那么就只是勉强压抑自己的痛苦，把它推到意识的底层罢了！这种作法很危险，因为积压的力量将来会爆发而摧毁自己与他人。若你能修习深入地观察，你的心就会无量无边地开展，痛苦也会减少。

我剃度的第一个弟子是释一住（Thich Nhat Tri）比丘，一住随同我和真空（Chan Khong）比丘尼多次进行弘法，拯救越南中部的流血牺牲者，并在我的要求下留在一个贫困的小村落好几个月。我们当时正成立“社会青年服务学校”（The School of Youth for Social Service）[①]，因此需要了解农村地区人民真正的处境。我们想通过非暴力与慈心的方式，帮助穷困的人改善生活水平，这是一个完美的社会改良运动。

某天，一住比丘走在西贡的大街上，突然有个站在军用卡车上的美国士兵朝他头上吐痰。他回来后不断流泪，年轻气盛的他很想反击，为了转化他深受伤害的心灵，我以双臂搂着他约莫半小时。我对他说：“孩子！你生来不是持枪的，而是来出家修行的，你具有的力量是智慧与慈爱。那个美国大兵以为你是他的敌人，那是他的错误认识。我们需要的是，只以智慧与爱为战备而上前线的‘战士’。”他一直留在“社会青年服务学校”效力，后来遭到绑架，很可能已经遇害了。释一住是梅村

---

① 一行禅师于1960年代创设这所学校，引导年轻人以慈悲精神投身社会运动。学生毕业后运用所受的训练，帮助在战争中被捕的农民，并协助重建遭轰炸的村庄、教导孩童、设立医药站，还组织农业合作社。

比丘、比丘尼众的大师兄，他的笔迹几乎与我的一模一样，他也曾写过一些优美的曲调，让牧童在乡间歌唱。

我们如何才能洗去这样的不公？如何才能转化整个国家所遭受的不公？柬埔寨人、波斯尼亚人、巴勒斯坦人、以色列人，我们都深受不公与不容异己之苦，然而我们非但未将彼此视为兄弟姊妹，反而持枪相向。我们一时因嗔怒而气昏了头，唯一的反应就是惩罚对方，怒火不断地在心中燃烧，继续焚毁我们的兄弟姊妹。这就是当前世界的处境，因此我们需要深入地观察，以帮助世人了解每个人都是牺牲者。

我告诉一住比丘："若你诞生在美国新泽西州或加州沿岸的某个家庭，若你阅读的报纸、杂志跟那些美国士兵一样，你也会对着一个和尚的头吐痰。"我还告诉他，美国士兵被训练得把所有越南人都当成敌人，他们奉派来越南杀人或被杀，所以一如越南士兵与平民老百姓，他们也是牺牲者。持枪朝我们射击的人、对你吐痰的人，都不是这场战争的制造者，真正的战争制造者正舒服地坐在华盛顿特区的办公室里。这场战争是来自一个错误的政策，而它源于一种错误的理解。

1966 年我到华盛顿会见罗伯特·麦克纳马拉（Robert McNamara）[①]，我当时对他说的战争本质全都是真的。半年后，他辞去美国国防部长之职，而最近他写了一本书，坦承越战是严重的错误。也许，我当时也曾帮助他在心中播下一些理解的种子。

错误的"想"必须为错误的政策负责，而错误的政策必须

---

① 罗伯特·麦克纳马拉（Robert McNamara）是第二次世界大战时期美国的战地指挥官，曾在肯尼迪与约翰逊任内担任国防部长。

为成千上万名美国与越南士兵，以及数百万越南人民的死亡负责。住在乡下的人无法理解为何他们要以这种方式丧生，为何炮弹要夜以继日地落在他们头上。有一次，一枚火箭弹射入“社会青年服务学校”的佛堂，当时我正睡在邻近佛堂的卧房中，差点遇害。若你滋长自己的仇恨与嗔怒，就是在焚毁自己，而理解是脱困的唯一出路。如果你能理解，痛苦就会减少，也会明白如何掌握不公的根源。

佛陀曾说，若一支箭射中你，你会痛苦，但若第二支箭射中相同的部位，你会比之前痛苦一百倍。[①] 当你因为成为不公的牺牲者而深感愤怒时，你的痛苦将增加一百倍；当你的身体遭受某种痛苦时，吸气、呼气，然后对自己说：“这只不过是生理上的痛罢了！”若你想象那是癌症，认为自己将不久于人世，那么你的痛苦将会增加一百倍。源于无明的恐惧或仇恨，都会扩大你的痛苦，而般若波罗蜜是你的救星。若明白如何如实智见一切事物而无丝毫妄加的谬见，你就能继续存活。

我热爱越南人民，也在越战时期尽全力帮助他们。但参与越战的那些美国男孩，在我眼中同样也是牺牲者，我并未仇视他们，我的苦也因此大为减轻。许多人已克服了这种痛苦，我们从那样的痛苦得到教诲，而非来自学术研究。为了传达原谅、慈爱与理解的讯息，为了一住比丘与许多丧生的人，我活了下来，与世人共享这讯息，如此他们才不会白白地牺牲。

① 《相应部》第5册〈大品·根相应〉，第210页，巴利圣典协会版（*Samyutta Nikaya* V，210）。

请练习深入地观察，如此你将会大幅减轻疾病、不公所带来的苦，或身心内轻微的痛苦。深入地观察引生理解，而理解始终都能引生慈爱与接纳。当你的小宝宝生病时，你自然会尽力帮他，但你也清楚小婴儿必须生病数次，才能产生他所需要的免疫力。同样的，你知道自己能存活下来，是因为你体内已经产生抗体。别担心，“完美的健康”只不过是个概念。要学习与自己身上的任何病痛和平共存，努力去转化它们，别因为它们而让内心承受太多苦。

佛陀在世时也遭受过许多苦，不止一次有人想阴谋扳倒他或甚至杀害他。有次当他腿部受伤而人们想帮助他时，他却说那不过是小伤，且他也尽力将痛楚降到最低。另有一次，他领导的僧团中有五百名比丘离开并另立僧团，他极为从容而冷静地处理这件事。最后，这些棘手的情况都被克服了。

关于如何培养包容力，佛陀有非常具体的教导——慈、悲、喜、舍[①]。倘若你修习四无量心，你将具有广大的心量。因为菩萨有大悲心，所以能接受、拥抱及转化；因为菩萨有大智慧，所以不会受苦。这是献给世界与我们所挚爱者的一份大礼。

精进波罗蜜——避免浇灌负面种子

波罗蜜之花的第四片花瓣是精进波罗蜜，即勤奋、努力或

① 关于此“四无量心”，参见本书第三部第六章。

持续地修习的圆满。佛陀曾经说过在我们的藏识深处，有各种正面及负面的种子，包括愤怒、迷惑、恐惧等种子，以及智慧、慈悲与谅解的种子。这其中许多种子都是我们的祖先遗传下来的，为了修习精进，我们应该学习辨认自己内心的每颗种子。例如愤怒、恐惧、嫉妒或分别等烦恼的负面种子，我们就应该防范，避免它们在日常生活中得到浇灌，因为它们一旦得到浇灌，就会在意识的表层中现行，让我们与挚爱因而受苦。修习精进，就是避免浇灌我们内心的负面种子。

我们同样也要辨认所爱之人他们内心的负面种子，并尽力不去浇灌它们，否则他们将会非常不快乐，我们也会跟着不快乐。这就是修习“有选择性地浇灌”：若想要快乐，就要避免浇灌自己的负面种子，也请其他人别浇灌它们，同时也要避免灌溉别人内心的负面种子。

此外，我们还要辨识自己内在的正面种子，试着以能让自己的日常生活触及这些种子的方式过活，并帮助它们在意识的表层现行。一旦这些正面种子在我们的意识表层中现行并停留一段时间，它们的力量便会增强。如果这些正面种子能够日益茁壮，我们将会快乐，我们所挚爱的人也会快乐。请辨识出你挚爱之人他(她)内心的正面种子，并浇灌这些种子，那么他或她就会变得更加快乐。在梅村，我们修习“浇花”，即辨认他人内心最好的种子并浇灌它们。无论何时，只要你有时间，就请为需要浇灌的种子浇水。这项精进的修行是绝妙且令人十分愉悦的，而效果更是立竿见影。

请想象一个圆从中一分为上下两半，下半部是藏识，上半部是意识。所有的心所都深藏在藏识中，而藏识中的每颗种子都能被触动，而于上层的意识中现行。所谓持续地修行，就是竭尽所能不在生活中触动藏识中的负面种子，而让它有现行的机会。嗔怒、分别、绝望、嫉妒和贪爱的种子都存在其中，我们要尽一切可能防止它们生起。我们要告诉住在一起的人：“如果你真的爱我，请别浇灌我内心这些负面种子，那对你我的健康毫无益处。”我们必须辨识那些不该获得浇灌的种子。但是若有一颗负面的或烦恼的种子得到浇灌而现行，我们就要尽一切力量以正念拥抱它，并帮助它回归其来处。这些种子在意识中停留愈久，其力量便愈强。

佛陀建议我们修习一种“换木栓”的方法。当一块木栓规格不正确、腐烂或破损时，木匠会在同一个位置钉上另一块新木栓来取代旧木栓。如果你心中生起某种心所，而你认为它是不善的，修行的方法就是引生另一种心所来取代它。你的藏识中有许多美善的种子，只要正念地呼吸，促使其中之一现行，那么原先出现的不善种子自然会沉落下去。这就称为“换木栓”。

第三种修习是尽可能地触动自己藏识中的正面种子，愈多愈好，让它们于意识中现行。当你看电视时，如果想看某个节目，只要按遥控器，电视上就会出现你要看的节目。同样的，你只邀请美善的种子出现并安坐在你意识的客厅中，而绝对不要邀请会为你带来悲伤与烦恼的客人进门。此外，你还要告诉朋友：“若你们爱我，请每天浇灌我内心的善种。”正念是一颗美妙的种子，那是我们内心的佛，所以要利用每个机会触动这颗种子，帮助它于上层的意识现行。

【图四】正念的种子

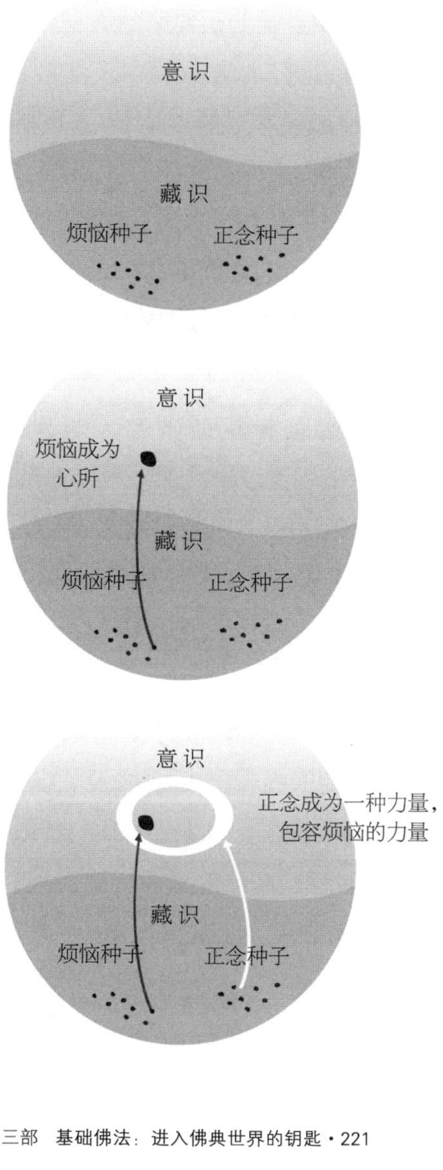
意识
藏识
烦恼种子
正念种子
意识
烦恼成为
心所
藏识
烦恼种子
正念种子
意识
正念成为一种力量，
包容烦恼的力量
藏识
烦恼种子
正念种子

第四种修习是在善种一现行时，就让它尽可能地持续下去。以正念为例，若能保持正念十五分钟，正念的种子将会壮大，下一次当你需要正念之力时，会更容易促生。帮助正念、谅解与慈悲等种子茁壮相当重要，要做到这一点，就要让这些正面种子尽量地维持在自己的意识层中，这种方法称为“转依”（ashraya paravritti，根本上的转化）。这是精进波罗蜜真正的意义。

禅定波罗蜜——停止追逐快乐

第五种波罗蜜是禅定波罗蜜，即禅定的圆满。禅定（dhyana，禅那），日文念 zen，中文念“禅”，越南文念 thien，韩文念 son。禅定包括两个层面[①]，首先是“止”（shamatha，奢摩他），我们一辈子追逐个人观念中的快乐，“止”就是停止这种追逐与失念，不再受困于过去或未来，回归本家——生命触手可及的当下。

当下含摄每一刻，在当下我们就能接触自己的祖先、儿女与后代子孙（即使他们尚未出生）。修习“止”即是透过正念地呼吸、正念地步行与安坐，以安定身体与情绪。“止”也是修习定，如此修习可使我们自己能深入度过生命中的每一刻，触及自己生命的最深处。

---

① 参见本书第一部第六章。

禅定的第二个层面是“观”，以澈见事物的真实本质。我们深入地观察自己的挚爱，洞悉对方内心深处有何痛苦、难题或愿望。智慧是一份很珍贵的礼物，但日常生活中时时以正念为指引，这也是珍贵的礼物。做每件事都能保持正念，这就是在禅修，因为正念总是滋养着定与慧。

般若波罗蜜——深入理解实相

第六片花瓣是般若波罗蜜，即智慧的圆满。这是最高层次的智慧，它完全不受任何知识、概念、看法、见解的束缚。它是我们内在佛性的本质，这种智慧具有带领我们到达解脱、自在、安详之彼岸的力量。在大乘佛教里，般若波罗蜜被描述成是“诸佛之母”，一切真、善、美的事物都诞生于我们的母亲——般若波罗蜜。她就在我们心中，因此只需触动她、帮助她现行即可。八正道中的正见即是般若波罗蜜。

关于般若波罗蜜这个主题有大量的经典文献，《心经》是这类经典中篇幅较短的一部经，《金刚经》与《小品般若经》(*Ashtasahasrika Prajnaparamita*，八千颂般若经）则属于早期的般若经典。般若波罗蜜就是无分别智(不起分别的智慧)。

若你深入地观察自己的挚爱，就能理解对方的痛苦、困境与内心最深处的期望，只有基于这样的理解，才可能有真爱。当某人能理解我们时，我们会感到非常快乐。若我们也能同样地理解他人，那就是真爱，对方将如花般绽放，我们自己也同时受益。

智慧（理解）是修行的果，深入地观察意味着活在当下，也就是正念现前、专心一志。若深入观察任何一个对象，智慧（理解）之花就会绽放。佛陀的教诲正是帮助我们深入地理解实相。

让我们一起来观察海面上的一阵波浪，波浪就是波浪，它有开始有结束，相较于其他波浪，我们可以说这阵波浪它更高或更低、更美或更丑。然而，一阵波浪同时也是水。水是波浪存在的基础，对波浪而言，自知本质为水，不仅仅是一阵波浪，这是很重要的。我们也是如此，以一个个体的生命来过自己的人生，我们相信自己的生命有开始有结束，而且有别于其他众生。

这正是佛陀普劝世人要更加深入地观察，以触及自己存在的基础——涅槃的原因。万物都深藏着涅槃的本质，都已“涅槃”了，这就是《法华经》的教导。只要我们深入地观察，便能触及实相的本性。深入地观察一颗小圆石、一朵花或我们自身的喜悦、安详、悲痛、恐惧，如此就触及自己存在的究竟向度，而此向度将向我们显露，我们存在的基础具有不生不灭的本质。

我们无需“证得”涅槃，因为我们自己始终都安住在涅槃中，一如波浪无需追求水，它本来就是水。我们和自己存在的基础是一体的。一旦波浪领悟自己本来是水，一切的恐惧自然消逝无踪；同样的，一旦我们触及自己存在的基础，我们也就触及上帝或涅槃，同时获得无畏这份礼物。无畏是真正快乐的基石，我们能赠予别人最大的一份礼物就是无畏。深刻地度过生命中的每一刻，触及自己生命的最深处，这就是修习般若波罗蜜。般若波罗蜜即是借由智慧、洞见而渡越彼岸。

圆满的智慧（般若波罗蜜）存在于其他一切波罗蜜中，它就像是容器。如果容器在烧制过程中有瑕疵，就会有裂缝，装在里面的液体就会渗出。般若波罗蜜是一切波罗蜜之母，是“诸佛之母”，犹如鸟的双翼，可以运载飞鸟到任何地方去。倘若无般若正见，其他波罗蜜就不可能有长远的进展。

六波罗蜜相互融摄

以上是佛陀所开示的关于六波罗蜜的修行，其中任何之一都含摄其余五种波罗蜜。般若是布施，禅定是布施，精进是布施，忍辱是布施，持戒也是布施。如果你能深入地修习布施，同时也是在修习禅定、智慧等波罗蜜。同样的，在我们眼中，布施是持戒，智慧是持戒，禅定是持戒，精进是持戒，忍辱也是持戒。若你能深入地修习一种波罗蜜，就是总修六种波罗蜜。只有当智慧与洞见现前时，禅定才是真正的禅定，精进、忍辱、持戒、布施才是真正的精进、忍辱、持戒、布施。简而言之，智慧提升其余五波罗蜜修习的品质。

深入地观察自己的处境，看清自己内心有多么丰富，明了自己当下所拥有的一切即是珍贵的礼物。此刻不开始修习，更待何时？在你开始修行的那一刻，立刻就有快乐的感受。修习佛法不在时间的长短，请你自己去亲证，佛法真的能转变你的生命。

当你深陷在悲伤、痛苦、沮丧、嗔怒或恐惧中时，别在痛苦的岸边徘徊不去，请迈步跨越，到达解脱自在、无畏、无嗔的彼岸。只要正念地呼吸、正念地步行与深入地观察，你将踏上自在、安乐的彼岸。你无需花五年、十年或二十年的时间修行，就可到达彼岸，当下你就能做到。

第十章

七觉支：觉悟与觉悟之道的特征

觉悟的七种因素

所谓“七觉支”（sapta–bodhyanga，七菩提分），即念、择法、精进、喜、轻安、定、舍。“觉支”的梵语 bodhyanga，由 bodhi 与 anga 两个字组成，bodhi（菩提，意即“觉醒”、“觉悟”）源于动词词根 budh–，此动词有“醒来”之意，即觉知内在与周遭的现况，而源于同一个动词的 Buddha（佛陀）即是“觉者”，anga 意指“分支”。七觉支亦可译为“觉悟的七种分支（因素）”。

佛陀在佛教徒所谓的菩提树下（bodhi tree，学名 Ficus religiosa）禅坐，而于晨星初升之际证悟，此时他说：“多么奇妙啊！一切众生皆有根本觉性，但他们却对此一无所知，而生生世世漂流于大苦海上。”[①] 这段话意味着七觉支本来就潜藏在我们心中，只是自己却不知道而已。

据说佛陀起初颇为犹豫，无法决定是否该分享他在菩提树

---

① 《华严经》：“奇哉！奇哉！大地众生皆有如来智慧德相，但以妄想执著，不能证得。”

下所得的洞见。只有在持续禅修之后才了解，若他提出具体方法帮助众生觉悟，将会有许多众生能获益。“七觉支”向我们阐明了觉悟与觉悟之道的特征。请想象一棵树有七大树枝，每一枝部象征一种觉支，这些树枝年年增长，抽出带有嫩叶的新枝，换句话说，觉悟一直都在成长中，不是只发生一次就圆满的。令人安心的是，佛陀将喜与轻安视为觉悟的要素。

念觉支——回到当下

“念”（smriti）觉支是菩提树上的第一个分支，为七觉支之首，此字的字义是“忆持”，亦即不忘自己当下身在何处、有何举动以及与何人相处。念总是在我们与自己、他人或事物产生关系时才生起，它不是我们摆在口袋随时需要就可取用的。例如在街上看到且认出一个朋友时，我们并未将“辨认”从口袋里拿出来，它是在整个情境下所自然生起的。我们的呼吸、行走、举止、感受与周遭的现象都是念生起的“背景关系”中的一部分。倘若经过训练，我们每次呼吸时，正念都会现前，如此一来，呼吸就成为正念生起的因缘了。

你可能认为：“我是正念现前的主因。”但四下环顾，你永远找不到一个“我”。电话铃声、时钟的报时声、你的老师与你所在的共修僧团，都可能是成为正念现前的有利因素。想象自己正在海滩上行禅，突然一个念头生起：“我银行的存款够不够？”这时只要你将觉知拉回到双脚与沙子的接触，就可以回到当下。你之所以能做到这一点，是因为在此之前你已经有行禅的经验，但提醒你回到当下的是你的脚，而不是你的“我”。

佛陀在《念处经》中问道：“若修习四念处，要多久时间才能觉悟呢?”对于这个问题，他首先自答“七年”，然后又说：“短则半个月即能觉悟。”这表示觉悟随时皆可得，所需要的只是有利的条件，正如太阳永远都在，即使被云层遮蔽时也是如此。佛陀说：“借由四念处的修习，你将能证得七觉支。”①

择法觉支——深入实相

第二觉支是“择法”（dharma-pravichaya，对诸法的探究）。人类爱好探究事物，且通常希望探察的结果能符合某种特定模式，或证明某种特定的理论；但有时若能不预设立场，允许事物单纯自然地显现，在此情况下，将能扩展我们的知识和视野。当我们想研究枝头上的嫩芽时，也许会问它：“你来自哪里？要到哪里去？你真的这么娇小吗?”而嫩芽可能这么回答：“我将会长成一片叶子，夏天翠绿，秋天橙黄，然后掉落地面，两年内我就会变为大地的一部分。我其实并不小，而是如大地般广大。”带有正念的探究，引领我们深入生命，契入实相。

① 《念处经》（*Satipatthana Sutta*）。参见一行禅师作品《生命的转化与疗救》。

精进觉支——培养生命的活力

第三觉支是“精进”，意即精力、努力、勤奋或坚持不懈。精力来自许多种源头，有时只要想到未来即将获得的成果，就会让我们精力十足。在佛教中，精力是来自正念、择法与对修行的信心。当我们深入地观察时，会明白生命是超越自己所能理解范围的奇迹。然而，对当今许多年轻人而言，生命是毫无意义的，每年有成千上万名年轻人自杀，在某些国家里，自杀而死的年轻人人数甚至比交通事故致死的人数多。我们必须帮助年轻人，让他们从生命奇迹的体验中培养生命的活力，帮助他们活得有意义。

即使我们身受痛苦，若能看见生命中的意义，我们也会拥有精力，心怀喜悦。精力不单是身体健康良好的结果，或达成某种物质或精神目标的愿望，它也是对自己的生命感到有意义的结果。时机不当的精进或在不当之处精进，都会耗损我们的精力，例如在尚未培养出良好的定力前，坐禅的时间若过长，也许会导致我们讨厌禅修，甚至索性放弃坐禅。当悉达多太子在菩提树下禅修时，已培养出高度的定力。另外一例是阿难尊者，在佛弟子的第一次经典结集前，大迦叶告诉阿难，因为阿难证悟的境界不够高，所以无法受邀参加结集，于是阿难彻夜坐禅，在破晓时分证得“阿罗汉果”[①]。当阿难到达结集会场时，大迦叶与其他比丘

① “阿罗汉果”代表已转化一切烦恼。

都看得出他的修行已有突破，他焕发的光采就是明证。

轻安觉支——练习放下

第四觉支是“轻安”（prashrabdhih，舒适自在），轻安总是伴随着精进。在所谓的第三世界，人们往往比那些“过度开发国家”的人感到更为自在。在第一世界的国家中，人人都承受着极大的压力，迫切需要减压课程。他们的压力来自不断的思考与忧虑，还有生活形态。我们必须学习把精力从头部往下移至腹部，并且至少每十五分钟做一次“放下”的练习。

当我们卧病在床时，什么事都不做，甚至往往不吃不喝，把所有的精力都放在治疗疾病上。即使没有生病，我们也必须练习休息，坐禅、行禅、正念地饮食都是休息的好时机。当你自觉躁动不安时，如果能去一趟公园或花园，那就是个休息的机会。倘若你能慢步行走并记得放轻松，或者偶尔坐着什么也不做，就能获得深度的休息，并进入真正轻安的状态。

喜觉支——接触令人振奋的事物

第五觉支是“喜”（priti）。喜伴随乐（sukha）而起，但两者有不同之处。当你口渴时，行人端杯水给你，这时感受到的是喜，当你真正地将水喝下时，这是乐。即使你身体不舒服，仍有可能在心中增长喜悦，这将有助于身体的复原。

喜悦来自接触存在于我们身心内外、令人精神振奋的美丽事物。通常我们只接触那些错误的事物，如果能扩大自己的视野，也看看正确的事物，这种更为宽广的视野一定会给你带来喜悦。

定觉支——置心一处不动摇

第六觉支是“定”（samadhi）。sam- 表示“一起”，a- 是指“导引至某个特定的地方”，-dhi 是指“心的力量”。我们集中心力，并把它导向某个对象。借助于定，我们置心于一处而不动摇。心自然维持专注于一境。为了拥有正念，我们需要定，一旦增长正念，定力也会跟着增强。

定本身是非善非恶的，小偷闯空门也需要定力。定是否有益要视我们专注的对象而定，假如你运用禅定来逃避现实，定就是有害无益的，甚至在佛陀出生前，就有许多禅修者为了脱离尘世而修定。当佛陀修习这种定时，因为无法解脱苦而得自在，所以他学习运用自己的定力照耀在自身的痛苦上，如此他才能深入生命，以及增长智慧、悲心与解脱。

舍觉支——平等地关爱每一个人

第七觉支是舍（upeksha，放下或平等心）。舍，是真爱的一面[1]，绝对不是漠不关心。修习舍心时，我们能平等地关爱每一个人。

佛陀在《锯喻经》（*Kakacupama Sutta*）中说："就算盗匪以锯子截断你的四肢，若嗔怒在你心中生起，你就未依循我的教法。要成为佛的弟子，你必须心无仇恨，口无恶言，永保慈悲心，毫无敌视或恶意。"[2] 作为一个年轻比丘，我将这几句话牢记在心，甚至为它们谱了曲。

这段教导触动我们最崇高的愿心，但却与我们顽强的习气相左。为了转化这些习气，实现至高无上的愿心，佛陀与舍利弗尊者教导我们以下三点：（一）听到恶语时，要修习舍心；（二）学会别生起恼怒、苦闷或沮丧的感觉；（三）获得赞美时别得意洋洋，因为我们很清楚任何称赞都不是针对我们个人，而是针对许多众生，包括父母、师长、朋友与一切众生。

在《象迹喻大经》[3] 中，舍利弗教示以四界为对象的禅修法，借此修习舍觉支。当我们以身体内外的地、水、火、风四界为对象而禅修时，就会看清自己与它们是完全相同的。一旦超越"我们有个独立的自我"这个观念时，便会了知我们与他人确实相同，此时我们的慈爱将会包含舍。

---

① 参见本书第三部第六章关于四无量心的说明。

② 《中部》第 21 经。

③ 《中部》第 28 经。

修习七觉支，即修习慈爱

这七种因素都是同一棵树上的分支。若念觉支得以发展、维持，择法觉支也会成功地发展；喜觉支与轻安觉支都是由精进觉支所滋养的美好感受；定觉支产生智慧，一旦智慧现前，我们就能超越比较、分别、回应，而实现舍觉支。达到舍心境界的人脸上会略带笑颜，那就证明其心中不仅有智慧，还有慈悲。

若精进修习七觉支，将可导致真正的智慧与解脱。佛陀曾说，若共同修习四无量心与七觉支，将可带来圆满的觉悟，因此修习七觉支，即是修习慈爱。

第十一章

缘起支：创造和平、喜悦的世界

因与果相互依存

缘起（pratitya samutpada，万物相互依存而生起），是深奥而绝妙的教法，也是一切佛教研究与修持的基础。缘起有时也称为“因果的教法”，但这种说法可能有误导之嫌，因我们通常认为“因”与“果”是各自独立的事物，“因”出现于“果”之前，且一种“因”只产生一种“果”。然而，根据缘起的教说，因与果共同生起（即 samutpada 之意），而每件事物都是由许多因、缘（条件）构成的结果。鸡蛋在鸡体内，而鸡又在鸡蛋中，鸡与蛋相互依存而生起，两者都不是独立的。缘起超越人们的时空概念，“一即一切。”

“因”一字的结构是一个长方形中间加上一个“大”字，“因”是“大”的，同时也是受限的。佛陀极为简要地表达缘起：“此有故彼有；此无故彼无。此生故彼生；此灭故彼灭。”这几句话在南、北传经典中出现过数百次之多，可说是佛教的开端。在此，我想加上一句：“此是故彼是。”

经典中有如下的意象："三苇立于空地，辗转相依而得竖立。若去其一，二亦不立。"桌子要存在就需要木材、木匠、时间、技术与其他众多成因，而且其中任何一种成因都要靠其他成因才能存在，例如木材需要森林、阳光与水等，木匠需要父母、早餐、新鲜空气等，这些成因的任何一项也都需要其他的缘促成。

如果继续如此观察，我们将明白没有任何一物被遗漏，是宇宙间万事万物的聚合才有我们眼前这张桌子。当我们深入地观察阳光、树叶、云彩时，也同时能看见这张桌子，在一切中看到一，在一中看到一切。光是一个"因"永远不足以产生一种"果"，而且任何"因"必然是其他"因"造成的"果"，而任何"果"也必然是另一件事物的"因"，因与果是相互依存的。第一因或唯一因的观念，也就是认为某种事物本身无需任何"因"，这种看法是无法成立的。

二十四缘与四缘、六因

佛陀入灭后，佛教许多部派开始以更精细分析的方式来描述缘起。在上座部的《清净道论》(*Visuddhimagga*)中，觉音(Buddhaghosa)论师列出二十四种"缘"(巴利语 paccaya)，即"某物生起之充分与必要条件"，包括：(1)因缘(根本因)；(2)所缘缘(对象)；(3)增上缘(支配)；(4)无间缘(优先)；(5)等无间缘；(6)俱生缘(同时发生)；(7)相互缘；(8)依止缘(支持)；

(9) 亲依止缘（决定性的支持）；(10) 前生缘（发生于前）；(11) 后生缘（因可能发生在果之后）；(12) 重复缘；(13) 业缘；(14) 果报缘（异熟缘）；(15) 食缘（滋养物）；(16) 根缘（感官机能）；(17) 禅缘；(18) 道缘；(19) 相应缘（联合）；(20) 不相应缘（分离）；(21) 有缘（在场）；(22) 无有缘（不在场）；(23) 离去缘（消失）；(24) 不离去缘（不消失）。

说一切有部则提出四缘（pratyaya）与六因之说，此说后来由属于佛教心理学的唯识学派吸收。根据这样的分析，每件事物的存在都必须具足以下四缘。

首先是“因缘”，又称“种子缘”或“根缘”（hetu-pratyaya），正如种子是花朵存在的因缘。此“因缘”又可分为六种：

> （一）能作因（karana-hetu，激发或创造的力量）：任何有为法都是除其本身之外其余一切万物的“普遍的因”。这是一种共起的因，它不会障碍一切可能生起的诸法，因为没有任何一法会障碍其他将生起之法的生起。这种能助长或不限制其他法生起的缘，即是能作因。
>
> （二）俱有因（sahabhu-hetu，同时发生的条件）：有时两种“因缘”需要同时存在。例如我们若要画一条“AB”线，那么A、B两点都得同时存在，灯与灯光也是如此。一切两两相对的事物都是如此，其中之一不存在，另外一个也无法存在，如“上”、“下”或

“有”、“无”的观念必须同时存在。这些共同存在的法，彼此互为存在的条件。

（三）同类因（sabhaga–hetu，同类种子缘）：同类因产生同类果，例如稻生稻，种善因得善果；又如信与喜促使人能稳固地修习，而不善因必招致不善果。

（四）相应因（samprayukta–hetu，相关的条件）：在产生某物的过程中，善种与不善种彼此相依，这就称为“关联”或“相应”，它只适用于心法。例如有人因为以不正当的谋生方式赚钱而产生罪恶感，因此捐钱给教会；由于不义之财产生的罪恶感是不善种，而布施是善种，结果教会长老告诉他，与其说教会需要他的钱，不如说更希望他改变谋生之道。这话虽然伤害他的自尊，但却能为他将来带来更大的快乐，同时帮助他减轻罪恶。

（五）遍行因（sarvatraga–hetu，普遍的条件）：此因存在于一切处，它不但存在于我们自身的每一处，也遍及宇宙，例如地、水、火、风、空、识六大，即是遍行因的典型例子。

（六）异熟因（vipaka–hetu）：在我们藏识中，并非所有的种子都同时成熟。就如我们买香蕉回家，有些熟得快，有些则熟得慢。听闻佛法也是如此，一场开示播下的种子有些立即成熟，有些则需要好几年的时间才能成熟。同一类种子也可能成熟转化变为不同种类之物，就如柳橙一开始是花，然后变成一颗绿色且带有酸味的果实，经过一段熟成期而变为甜美的水果。爱的种子也可能成熟而变成嗔怒的种子。我们刚开始坐禅时，可能会觉得受拘束且躁动不安，但不久后，我们的禅修可能成熟，坐禅时就会变得相当令人放松且愉快。

说一切有部所说的四缘中，第二种缘称为“增上缘”（adhipati–pratyaya，促使增长的条件）。这种缘能帮助或阻碍某些特定的种子成长，例如人人都有正信或信心的种子，倘若你的朋友能浇灌你内心的正信种子，它就会茁壮；但若是你只遇到顺境，你就无法了解这样的种子有多么珍贵。修行道上的障碍可助长我们的决心与悲心，让我们知道自己的能力与弱点，如此我们才能更了解自己，看清自己真正想前进的方向。或许你也可以这么说，佛陀所修的苦行是他在修道上的逆缘，但若他从未修苦行且尝到失败的滋味，就不会学到中道，日后也不会教导世人中道了。当你的意愿很强时，逆缘不会让你灰心丧志，在困顿之际，你反而会忠于自己的朋友，坚定自己的信念，且绝不放弃。

第三种缘是“等无间缘”（samanantara–pratyaya，持续的条件）。某些事物要存在，在时间上必须刹那相续。例如为了使我们的修行有所进展，就得每天不间断地修行，包括行禅、闻法、于一切行为举止中修习四念处、与同一个僧团共住与共修。若将一只青蛙放在盘中，它会立即跳走。若无持续稳定地修习，我们就会如同盘中那只青蛙一样跳走。当你决定留在一个地方直到修行能完全增长时，你可以说已达到“蛙跳习气悉除”的境界，也已开始修习“等无间”了。

第四种缘是“所缘缘”(alambana-pratyaya，以对象为条件)。如果无所缘(客观对象)，就不可能有能缘(主体)。要让自己具有信心，就得有个让你产生信心的对象；觉得沮丧时，也必定有个会令人产生沮丧的对象；生气时也一定会有个生气的对象，不论是人或事。佛陀说，一切法皆是心的对象。当我们看见任何现象的意象或迹象时，就会知道所感知的对象存在于自己的意识中。

缘起支

我们能否调整生活方式，帮助自己看清存在于“果”中的“因”，也看见存在于“因”中的“果”呢？以此方式观看时，我们便开始具备缘起的洞见——正见。早期佛教常提到“缘起”，后来的佛教则运用“互即”(相互依存)、“互入”(相互融摄)等语汇，用词或有不同，但其含意是一致的。

听闻佛陀教授缘起后，阿难表示：“世尊！缘起之理看似深奥，但我认为颇为简单。”佛陀对此回答：“阿难！别这么说。缘起之理的确深奥，凡能见缘起本质者即能见佛。”[①] 一旦你能澈见缘起的本质，智慧将成为你的前导，修行便不会有所错失。

① 《大因缘经》，*Mahanidana Sutta*，《长部》第15经。

无常之教法内含于缘起教法之中。倘若没有众多因缘之助，我们怎么可能生活下去？让我们能存活、能改变的诸多因缘，都来自我们本身以外的一切，所以理解无常、无我时，也就能理解缘起。

在以下这首偈颂中，龙树指出缘起与空性的关联：

> 因缘所生法，我说即是空，
> 亦为是假名，亦是中道义。[①]

一切佛法皆以缘起为基础，任何教法若不符合缘起，就不是佛陀的教法。一旦你掌握了缘起，就能以这种智慧的光芒照亮佛法三藏（tripitaka）[②]。缘起让你亲眼见到佛陀，二谛则让你亲耳听闻佛陀说法[③]。当你看得到、听得见佛陀，在遨游于佛法大海时，就不会迷失方向。

缘起，所谓“此有故彼有，此无故彼无”，是一切佛法中最重要的教理之一，澈见缘起的洞见能让修行人了解相互依存、中道，以及不二。佛陀以种种不同方式阐释缘起说，也运用一些独特的比喻，例如两束芦苇相倚而立的意象，又如因陀罗网的譬喻也十分动人。

---

① 《大智度论》：“因缘生法，是名空相，亦名假名，亦名中道……心识处灭，言说亦尽。”（《大正藏》第25册，第107a页。）译按：另见《中论·观四谛品》：“众因缘生法，我说即是无，亦为是假名，亦是中道义。”（《大正藏》第30册，第33b页。）

② 三藏，即经（佛陀的教说）、律（行为准则）、论（教理的系统化陈述）。

③ 参见本书第三部第一章。

缘起十二支之说旨在解释业与轮回

如我们在诸经中所见，重复出现不下百来次的缘起十二支，是解释缘起的方式之一，却未必是最好的。

佛弟子多半认为，根据佛陀的教导，缘起之“链”中有十二支因缘（nidanas）。[①] 但是如果细究缘起十二支的解释，我们会发现许多祖师的相关解释方式，并未帮助我们超越历史的向度，进入究竟的向度。善巧随顺的秘诀在于深观，以便能够逐渐放下有无、生死等想法，而无助于放下这些想法的教导无法帮助我们进入概念世界之外的领域。

《迦旃延经》（*Katyayanagotra Sutra*）（《杂阿含经》第 301 经）“此有故彼有”这句经文，可以善巧地帮助我们通达空性。（此经相当于《相应部》的〈迦旃延经〉（*Kaccanagotta Sutta*，SN 12：15），梅村的课诵本译为《中道经》）。[②] 虽然这段经文使用“有、无”，“彼、此”等字眼，仍然促使我们放下这些概念，而缘起十二支却执着于这些概念。所谓十二支，意指无明、诸行、识、名 / 色（即心 / 身）、六入（即眼、耳、鼻、舌、身、意六根，及与之相应的色、声、香、味、触、法六尘）、触、受、爱、取、有（即“存在”）、生、老死。

---

① 佛陀谈论缘起相续最早是出现在《大因缘经》（《长部》第15经），然而，在此经中佛陀只举出九支缘起，后来的经教中才扩展为十二支。

② 参见一行禅师之 *Chanting from the Heart*（Berkeley, CA：Parallax Press, 2013）。

缘起十二支的解说不属于佛陀的甚深教法，也无法帮助我们触及空性，在此我们必须运用“四依”中“依了义不依不了义”的方法。(参见第三部第二章)不了义未必有错，只是有其他的功能和作用。佛经使用缘起十二支，是为了解释业与轮回，不是为了让我们通达空性和究竟向度的领域。

三世说与二重因果论

祖师大德将缘起十二支划分为过去、现在和未来三世：无明、诸行属于过去世，识、名色、六入、触、受、爱、取、有属于现在世，生、老死属于未来世。根据祖师的说法，我们宿世无明，造作诸行(“行”被解释为“业”之意)，因此今生有识、名色、六入、触、受、爱、取、有；因为今生之“有”，所以来世必会出生、老化、死亡，而且必然继续生死轮回。无明和业行是过去的因，识、名色、六入、触、受、爱、取、有是现在的果；现在的受、爱、取、有，则是未来生和老死之因。此即是二重因果论。

这是过去祖师和今天许多老师对于缘起十二支的解释方式。根据这种解释，依于无明而有诸行，依于诸行而有识，依于识而有名色，依于名色而有六入，依于六入而有触，依于触而有受，依于受而有爱，依于爱而有取，依于取而有有，依于有，我们必然再度经历生死，继续轮回。

这是大多数越南和中国佛教徒对于缘起十二支的理解。但是这却导致严重的误解，以为由于爱、取存在，所以有存在，因为有存在，我们必须不断生死轮回。“有”（bhava）的相反是“无”（abhava），我们让“有”成为罪魁祸首，认为解脱道是“无”，并且必须为了体证“无”而修行。然而，佛陀明确教导弟子：有、无都是错误的见解。根据一般人的说法，想要避免生死轮回，必须达到无的境界，因此佛教修行人以断灭（annihilation）或永死（eternal death）为目标。

关于缘起，佛陀有时只提到四支、五支、六支或七支，似乎不需要十二支。根据《大毘婆沙论》（*Mahavibhashashastra*）卷二十四，佛陀深深了解众生根性不同，因此以许多方式教导缘起，有时说一支，有时说二支、三支、四支，乃至十二支 。所谓缘起四支，即无明、行、有(无)、生(死)。[①]

缘起十二支的描述和评注一向采取线性模式，被视为一条垂直的锁链，于是每一支仅仅导致下一支的生起，这种模式让人很难看出缘起诸支相互依存的特性。十二支的第二支“行”（samskara）向来被解释为有意志的行动，然而佛教的“行”不

① 详见《大毘婆沙论》：“复次，世尊为受化者施设缘起，少多不定。谓或有处说一缘起，谓一切有为法总名缘起……。或复有处说二缘起，谓因与果。或复有处说三缘起，谓三世别，或烦恼、业及事为三，无明、爱、取名烦恼，行、有是业，余支是事。或复有处说四缘起，谓无明、行，及生、老死……。或复有处说五缘起，谓爱、取、有，及生、老死……。或复有处说六缘起，谓三世中各有因果。或复有处说七缘起，谓无明、行、识、名色、六处、触、受，后际五支摄入此七……。或复有处说八缘起，谓现在八支，过去未来四支摄入此八……。或复有处说九缘起，如大因缘法门经说。或复有处说十缘起，如城喻经说。或复有处说十一缘起，如智事中说。或复有处说十二缘起，如余无量契经中说。”（《大藏经》册 27，页 122a-b。）

代表行动，而是造作构成的产物，举凡种种物理、生理、心理等现象，皆包括在内。在缘起十二支之中，人们勉强将“行”解释为一时兴起或冲动，这是因为他们想要表明意识来自于过去的行为，所以硬是赋予这个词一个新的意义。但是缘起十二支并非佛陀为了证实生死轮回的理论而说的教理。当我们说“行缘识”（行是识生起的条件）时，意指我们在无明中把诸行视为各自独立分离的实体，彼此不相含容，这种看待事物的方式促成分别识，同时分别识也让人将诸行视为各自独立的实体。

根据缘起十二支的传统解释，“受”导致“爱”的生起（受缘爱）。然而这只是部分事实，因为只有乐受才会引起渴爱，而且也只有不修行和无智慧的人才会如此。如佛陀、阿罗汉，或是已开悟的在家居士之类的修行人，都知道乐受会导致苦，是有危险的，所以这些感受不会引起渴爱。

因此，这个连结仅仅呈现部分事实。如果是苦受，则会导致退避或厌离。所以如果想展现佛教真正的精神，我们就得说触引起苦受与乐受，而受可能引起嗔恨、厌离，未必导致渴爱和执取。所谓“取”，意指执着、受缚或渴爱。渴爱的对象不仅止于“有”，也可能是“无”，不想活或自杀的人渴求的是“无”。

在《长部》第22经中，佛陀说有三种爱（tanha）：欲爱（kama-tanha）、有爱（bhava-tanha）、无有爱（vibhava-tanha）。我们修行的目的不仅是超越有，而是超越有、无，但是一般对于缘起十二支的解释却无法凸显这一点。

在《迦旃延经》中，佛陀说所谓正见，即是超越有无之见。根据一般对于缘起十二支的解释，却只有逃脱“有”的渴求。

这导致很大的误解，以致人们常说佛教只想脱离“有”以达到“无”，还说佛教教导的是虚无主义与寂灭之道，佛教修行人的目标是虚无或永死。

19世纪末20世纪初，有些西方学者作此结论，认为所谓了生脱死，意指圣者一旦证得阿罗汉果则永不再生。造成这一大误解的原因之一，是佛教徒自己对于佛法的误传。

因此，我们不应该说“取”导致“有”的生起(取缘有)，而应该说执取导致有、无。根据《迦旃延经》，有、无是障蔽正见的两个观念。我们也不该说“有”导致“生”，而应该说“有无”导致“生死”，这才符合佛陀之教。我们脑中已经习惯“生是从无到有，死是从有到无”的想法。如果舍离有无的想法，则不再有生死的想法，这是以认知(cognitive)的观点，而不是原因论(etiological)的观点来看待。

缘起指出认知上的理解，而不是企图解释教条或理论。现今许多经典中可见的缘起十二支之说，是为了一般人理解生死轮回现象而作的解释。

佛陀为了帮助人们了解苦，并且找出苦因，所以时常以“老死”为开端而说缘起十二支，这和四圣谛的教理与实践息息相关。然而，为了佐证为何有生死，佛世之后的法师往往从“无明”开始讲授缘起教理，如此一来，虽然佛陀自始至终都说第一因了不可得，但是无明却隐然成了第一因。其实，如果无明存在，那是因为有引起无明而且让无明加剧的原因存在。佛陀不是企图解释宇宙万物的哲学家，而是想要帮助我们终结自身之苦的心灵导师。

当听到论师说某些缘起支是“因”(即无明与行)，而某些缘起支是“果”(即生与老死)时，我们知道这并不符合佛陀所说“一切皆是因，亦是果”的教法。认为无明引生行、行引生识、识引生名色，这种想法有过度简化之虞。当佛陀说“无明缘行”时，他的意思是说无明与诸行之间有一种因果关系。无明滋养诸行，但诸行也滋养无明。这就如一棵树长出树叶并滋养树叶，而树叶也滋养树；树叶不仅是树木的孩子，也是树木的母亲。每片树叶都是一座工厂，进行光合作用，供给树木养分，树木因有树叶才能生长。

缘起支相互依存

缘起支之间的相互依存关系，类似树叶与树木的相互依存。我们说无明是诸行生起所依赖的条件(无明缘行)，但无明也是识生起的条件，无论是透过诸行而间接促成识(无明缘行，行缘识)，或直接造成识生起(无明缘识)。此外，无明也是名色生起的条件(无明缘名色)，若名色中没有无明，就会大为不同。我们的六根与六尘中也都包含无明，例如我对花的“想”，是以眼睛与花的形状为基础，一旦我的“想”落入“花”这个相的束缚中，无明就产生了。因此，在触中有无明，受、爱、取、有、生、老死之中也有无明。无明不仅存在于过去，也存在于现在，在我们的每个细胞、每个心所中。若没有无明，我们不会执着事物，也不会执取我们执着的对象，正在眼前的苦也不会存在。修行，就是在无明现行时加以辨识。取也存在于行、受、有、生、老死之中，在其余所有缘起支中，我们都可看到自己的迷恋、避此趋彼与意愿等。十二缘起中的每一支都依赖其余各支而生起，也是其余各支赖以生起的条件。

有了这种智慧，我们便可抛开缘起是因果相续连锁的观念，而更深入地修习缘起，进而帮助我们触及究竟的向度。所以，并不是识存在于名色之前，而是识与名色相互依存。同样地，六入是名色的一部分，而不仅是名色造成的结果。

再者，伴随感受而生的心行，不是只有贪爱而已，有时与感受并存的不是贪爱，而是厌恶。有时某种感受中并未伴随无明，却伴随智能、清醒或慈爱，它所导致的结果就不会是贪爱或厌恶了。因此，“受生爱”这种说法是不够精确的，带有取、无明的感受才会引生爱。在所有关于缘起诸支的描述中，无论是四支、五支、九支、十支或十二支，我们都必须将其中任何一支与其余诸支相连结，这正是《心经》所谓“无缘起”的涵意。[①] 缘起支皆是“空”，因为任何一支若无其余各支就无法存在，例如没有爱、取、有、生、老死、无明、行等，受就不会出现。

根据十二支而谈论缘起的方式，不足以帮助人们了解真正的正见。真正的正见超越有无、生死、常断、来去等等，是直

① 即“无无明，亦无无明尽，乃至无老死，亦无老死尽。”这段经文。

达涅槃的八圣道的基础。正见不只是相信善恶业行必有果报而已，对修行人来说，正见是至高无上的洞见，能洞悉不生不灭、不垢不净、不一不异、不来不去、非有非无，也能洞悉缘起，终结一切极端见解、分别和分歧，而极端见解、分别和分歧正是恐惧、憎恶、绝望、贪爱等一切烦恼的根源。若无正见，其实不可能有正思惟、正业，以及八圣道的其他分支。

一般常见的十二缘起教义解说，不仅无助于达到上述的洞见，反而引致有害的误解，让我们误以为修行的目的是永死。长久以来，持有这种错误见解者，大有人在，包括佛陀的出家弟子焰摩迦比丘（Yamaka）。十二缘起说也被植入许多原本不该出现此说的经典，试举数例如下：《迦旃延经》（*Katyayanagotra Sutra*，《杂阿含》第 301 经）、《空相应善巧随顺经》（*Skillful Adaptation Connecting to Emptiness*，《杂阿含》第 293 经）、《大空经》（*Teaching on Great Emptiness*，《杂阿含》第 297 经）、《诸法缘起经》（*Interdependent Co-Arising of Phenomena*，《杂阿含》第 296 经），以及《第一义空经》（*Absolute Truth of Emptiness*，《杂阿含》第 335 经）。

这些经典旨在提出胜义谛，在其中植入十二缘起说却造成扞格，因为如果将十二缘起理解为普通的直线式进展，就无法帮助我们通达空性、涅槃和正见。《空相应善巧随顺经》专门探讨依缘起而通达空性，sunyata-prati-samyukta- pratityasamutpada-anulomata 这个定型句，意即“善巧随顺缘起可引导我们通达空性”。如果缘起诸支是为了要帮助我们通达空性，就必须根据佛法的甚深义来理解它们，而不是将它们视为对于生死轮回的一种解释。

重整缘起诸支

鉴于以上所述，我们可以提出有助于通达空性的缘起十支之说，此十支包括：

1. 无明
2. 诸行
3. 识
4. 名色
5. 苦、乐受
6. 爱、憎
7. 取、弃
8. 有、无
9. 生、死
10. 轮回

显而易见，此一缘起诸支的概要不包含六入和触，这是因为已经将这两支理解为诸行、识和名色的一部分。此外，既然生与死在概念上如此相近，可以归并为一支，并且另立缠缚的轮回为第十支。

我们可以如此解释缘起十支：当无明现前时，人们(以彼此分隔独立的实体的角度）见诸行；因为见此诸行，即以识为主体（与其客体分离）；又见名、色分离，而有基于名色而生的乐受、苦受，以及不苦不乐受；以这些感受为缘，而生贪爱（以乐受为缘）和憎恶（以苦受为缘）；随之生起的是执取或拒斥的欲望；接着产生对有、无之念的执着，结果使得我们不断受困于生死之念，不得出离，总在轮回中往返，周而复始，无法证得涅槃。严格说来，识与名色这两支可有可无，因为诸行包括五蕴，而五蕴具备色身与识的各种层面，不过在某些情况下，纳入这两支可以让理路更清晰。

我们研究缘起，是为了降低自己无明的成分，提升明智。无明减少，则贪爱、嗔恨、傲慢、怀疑和种种见解也会减少，而慈爱、悲心、喜悦和舍心则会增加。换句话说，转化无明，可导致缘起之“链”中其他一切诸支的转变，也可以说任何一支的转化必然带来其余诸支的转变。如果我们能够守护六根，练习正念观照种种感受和知觉，就可以转变轮回的其他部分，包括无明在内。

由此可见，缘起诸支也有正向积极的一面，尽管自佛世以来，传授佛法的老师似乎忽略了这一点。我们必须寻求适当的措词，来描述身心正面状态的缘起，而不光是着墨于负面状态。佛陀教导我们，当无明止息时，就有透彻的智慧，他并没有说无明终止时就会一无所有。

有两种缘起，一种是依于妄心的缘起，另一种是依于真心的缘起。以妄心为基础的种种因缘构成的循环，造就了世界、社会和个人。一个以妄心为基础的世界，自然会有苦与烦恼；

然而，当种种因缘以真心为基础时，就会反映出实相的妙性。一切都取决于我们自己的心。

教导缘起诸支的人在协助人们通达涅槃时，必须了解这些分支正向积极的一面，以及它们担负的作用。有鉴于此，我们学会认清：有促使我们通达轮回的因缘循环相续，同样地，也有帮助我们通达涅槃的因缘循环。

“无明”（avidya），意指缺乏光明，与妄心相应；“明”（vidya），意即明了或智慧，则与真心相应。光明出现，就代表黑暗不存在；无明存在，则意味欠缺智慧。佛陀曾说：“无明尽而智慧生。”（76）[①] 以无明为缘，依于妄心的其余诸支生起，同样地，以智慧为缘，依于真心的缘起诸支也随之出现。

第二支“诸行”，是我们感知的对象。就妄心而言，诸行是各自独立的实体；当智慧现前时，则照见诸行（亦即有为法）没有各自独立的本质，而是彼此依待而存在。父与子相依待而存在：如果没有儿子，不可能有父亲；如果没有父亲，也不可能有儿子。将万物视为各自独立的实体，只会加深我们的无明，因此，不仅诸行以无明为缘而生起，无明也以诸行为缘而生起；将万物视为彼此相依相摄，则会增强我们的智慧。第三支“识”也是一种“行”，相当重要，因此我们可以将它列为缘起的一支。妄心中的识，称为分别识，因为它的作用是分辨能知的主体，以及所知的对象，使得客观的世界看来似乎与观察者分隔开来。

---

① 《相应部》第四册，第 49-50 页。

当佛陀看着一朵花时，他知道那朵花是自己的心识——这是“识”作为正向的缘起循环中的一支时呈现的状态。“识”本身没有问题，不过一旦体悟了一切诸行皆彼此依存，我们终会了解：没有独立于心识之外的世界，也没有独立于世界之外的心识。心识的主体与对象无隔无别，能理解这一点端赖不二的智慧。

识是分别、筹划、援助及行善的根基，这种识也存在于诸佛菩萨的心中。佛陀曾说：“吠舍离城（Vaishali）真是美啊！”他对阿难说：“你不觉得这片稻田景色宜人吗？我们是否该进城与人们分享佛法了呢？”这几句话发自于清明的识，发自于充满智慧、关怀与慈爱的识。

在唯识宗的架构中，以八识的角度来描述识，而八识经过转化可成为四智。当藏识中觉醒、慈悲的种子经过培育而成熟时，藏识（alayavijñana）即转变为能映现宇宙实相的“大圆镜智”。一切能转变为大圆镜智的种子本来就在藏识中，我们只需加以浇灌即可。借由观无常、无我与相互依存，修习通达万法的真实本性，结果自然产生大圆镜智。

我们必须学会以“识”作为转化工具的运用方法。我们的六根，也就是眼、耳、鼻、舌、身、意，都能促使大圆镜智生起。我们知道佛陀也有六根，它们也与六尘相接触，可是他知道如何守护六根，以避免内心产生结使。佛陀善巧运用自己的六根，成就妙法；前五识变为“成所作智”，我们可运用这五识为他人服务；一旦解脱之后，第六意识就变为“妙观察智”，即能如实观察万物的智慧。“平等性智”来自于第七意识——末那识（manas）。末那识是头号的分别者，它会说："这是我。""这是我的。""这不是我的。"这是末那识的特点。我们必须保有这个识，它才能转变为平等性智。我们的识应得到转化，而非舍弃。妙观察智将末那识转变为平等性智，我们都是一体的，彼此平等。我或许认为你是我的敌人，但当我触及究竟向度时，却看到你我原是一体。有时只需接触大地一次，平等性智就会在我们的末那识显现。妙观察智取代第六意识。在无明消失之前，第六意识造成许多错误的"想"，例如将绳子误认为蛇，因而造成许多痛苦。幸亏有"转依"，即藏识转变为大圆镜智，第六意识才能转变为妙观察智。

第四种智——大圆镜智，为我们的生活创造奇迹。过去眼识使我们躁动，或让我们置身于黑暗中，如今我们眼界已开，能将法身或自然界视为佛陀说法之身。当我们的心如止水般清澈时，第六意识即是妙观察智，藏识则为大圆镜智。

在我们提出的缘起十支架构中，第四支是"名/色"。名/色（nama-rupa，心/身）即是五蕴。我们不说："五蕴是苦"，而弃之如敝屣。如果我们这么做，终将一无所有——没有涅槃，没有安乐，也没有喜悦。要处理垃圾，我们需要明智之策。

我们拥有色身和心智。在妄心的体验中，身心是一种二元对立，身心变成分离的状态。坐在计算机前的我们，常常忘了自己拥有一副色身。有了智慧，我们可以有身心合一的体验，不需要为了达到涅槃而舍弃身体，也不应该把自己的色身视为心识的牢笼或障碍。修行，是为了体悟具身之心（an embodied mind）与具心之身（a mindful body）。在这样的身心之中，不再有无明，不再有各自独立分隔的诸行，也不再有分别识。“名/色”的作用在于让众生觉悟和解脱。

我们提出架构中的第五支是乐受、苦受，以及不苦不乐受(“受”也是五蕴之一)。修习正念时，我们学会如何处理自己的感受，换句话说，我们辨识苦受，欣然接纳，加以转化，并且培养内在真正的快乐，同时使自己脱离不苦不乐受的掌控。因此，正念观照诸受是“受”这个缘起支正向积极的一面，任何感官的接触和感受都是清明安定的。

六种感官触及它们的对境时，这种根尘相触会引起苦、乐或不苦不乐等感受。当菩萨看见孩童受苦时，他很清楚那受苦的感觉，自己也会产生苦受，但正因为经历这种苦，于是菩萨心中生起关怀与悲悯，并决心采取行动。菩萨一如我们每个人，他也会受苦，但他心中的感受不会导致贪爱或厌恶。

看见一朵美丽的花时，菩萨知道这朵花是美丽的，但也同时看见其中无常的本质，这就是他为何没有执着(取)的原因。菩萨有乐受，但这乐受却不会产生结使。所谓解脱，并不表示要压抑一切感受，当菩萨接触热水时，他知道那是热的。有感受是正常的，其实种种感受都让菩萨安住于快乐中，那不是容易变为痛苦、焦虑的快乐，而是能具有滋养作用的快乐。当你修习呼吸、微笑、体验自己和空气与水的接触时，那种快乐不会在你心中造成痛苦，且能帮助你变得强壮、明智，能继续朝证悟的道路上前进。诸佛菩萨与其他许多人都拥有享受快乐感受的能力，这种乐受具有使人复原、重振活力的功能，而不会产生执着。目睹人们受压迫或挨饿时所生的感受，能让人产生关怀、悲悯，以及以舍心采取行动而不执着的愿望。

在妄心的缘起循环中，第六支是“爱、憎”，而在真心的缘起循环中，则是四无量心。[①]

当受与触被保护时，不会导致爱憎，而会引生慈、悲、喜、舍四无量心。看见人们受苦或身受痛楚，或正愚痴地享乐时，我们心中会有某种感受引发慈心的力量，即给予他人真正喜悦的欲望与能力。而慈心又引生悲心的力量，即帮助众生终止苦难的欲望与能力。悲心之力让我们心中生起喜悦，也能与他人分享自己的喜悦。喜心也引生舍心，即不选定任何立场，或不被触与受所引起的影像、声音卷走。舍并不表示漠不关心，而是对自己所爱之人与憎恶之人一视同仁，并尽全力让他们过得快乐；我们既不执着也不嫌恶，平等地接受鲜花与垃圾，对两者同等尊重。舍，意味放下，而非放弃；放弃会造成痛苦，不执着才能放下。

妄心循环中的第七支是“取、弃”，而在真心的循环中，则是解脱自在。

四无量心是解脱自在的基础。以慈心接触万物时，我们不逃避、不追求，这就是解脱的基础，“无愿”取代了执着(取)。

妄心循环中的第八支是“有、无”，而真心循环中，则是正见，也就是克服“有、无”之观念的洞见。

佛陀初转法轮时，告诫弟子别执着于“有”（bhava，存在）与“无”（vibhava，不存在），因这两者都是内心所建构的产物，

① 参见第三部第六章。

而实相介于两者之间。根据十二缘起的线性解释方式，若说“无取”时，就意味着“无有”，这表示我们渴求“无”，但实际上这不是佛陀所希望的结果。若说修行的目的是为了消灭“有”以达到“无”，这是完全错误的。一旦执取转化为解脱自在，在我们眼中“有”、“无”都是心的产物，我们乘着生死的浪涛，却不挂怀生死。若我们必须以再生来延续救助众生的工作，那也无妨。

妄心之中的第九支是“生、死”，而真心之中是无生亦无死。

树叶有生、死的现象，但它不为生、死所束缚，它坠落地面而无死亡的想法，它在树根附近腐化，成为整棵树的养分，因而再生。云显现消亡之象，但如果我们留心观照，即可看出云从未消亡，只是化为雨雪。当一片树叶长出来时，我们可以欢唱“生命延续快乐颂”。当我们拥有觉醒的智慧时，就会看到生是一种延续，死也是一种延续；生是一种现象，死也是一种现象；不仅树叶、云朵，人也同样显现生、老、死的现象。

我们知道无生者，也无死者，我们拥有无生亦无死的智慧；我们知道有生、老、死，也知道这些现象都不过是菩萨所乘的浪涛。若知生、死只是心中的概念，那么生、死皆无碍。实相超越了生死。

妄心之中的第十支是“轮回”，而真心之中是涅槃。

11世纪，有位越南禅僧请教他的师父：“何处能超越生死？”师父回答：“超越生死之处，即在生死之中。”若为了寻求涅槃而抛弃生死，则永远找不到涅槃。涅槃即生死，就取决于你如何看待：从某种角度看，它是生死；从另一种角度看，它则是涅槃。

当我们得以解脱自在时，原本看似痛苦之事也变成“妙有”，也可称为天国或涅槃。已解脱的人有能力创造净土，那是一个让众人无须奔波之地。“妙有”超越有无，若菩萨有必要现身，有必要诞生于这个世界中，他就会降生在这个世间，虽然仍有生命，但他不会受到有、无、生、死等观念所束缚。

请别让佛法看起来像企图逃避生命而进入虚无的理论。菩萨誓愿一再地重回世间度众生，那不是出自贪爱，而是因为关心与想要救助众生的愿望。

想想看，若有一千人心中都充满错误的感知、邪见、羡慕、嫉妒与瞋怒，这些人聚在一起，就会制造出人间地狱，他们的生活环境、日常生活、人际关系都会像地狱般可怕。两个满怀误解的人住在一起，就为彼此制造出一处地狱，一千人所共造的地狱该有多么广大啊！

要让地狱变成天堂，我们只需要改变它的基础——心。想改变一千个人的心，也许得自外界引进某些因素，例如法师或修习佛法的团体。想象有一千个人心中没有错误的感知、瞋怒或嫉妒，而有慈爱、智慧与快乐，这些人共聚而形成的小区就是天堂，他们的心就是天堂的基础。一个人有妄心，就为自己打造地狱；若有真心，就创建天堂。两个人以真心共处，就为彼此创造出一方小小的天堂，若有第三个人想加入，他们应谨慎考虑：“我们该让他加入吗？”若两人的天堂够稳固，可答应第三个人加入，在两颗真心存在的情况下，便有希望使一颗妄心逐渐转化，一段时间后，将会有三颗真心，而这个小小天堂也将继续扩展。

有关妄心所生的十二缘起的著作早已卷帙浩繁，我们必须开启一扇新门，教导修习真心所生的十二缘起，才能创造和平、喜悦的世界。

从正向积极的观点来看，可以有如下解释：当智慧现前时，人们看见诸行相互依存的本质，也因此体悟作为主体的识与其对象并非各自独立分离；他们也认清身心是实相的一体两面，并且知道如何处理痛苦的感受，滋养真正快乐的感受；接着由此产生悲心、包容心，以及转化与协助现况或个人的愿望。这种如实安住于现况，且洞察万物相互依存本质的能力，代表这些人已经自在解脱有、无的观念，也解脱依赖有无观念而成立的生、死观念，能够从根本转化自身之苦，体证涅槃。

根据《自说经》（Udana 8.3）所载，佛陀曾说："诸比丘！有不生、无有、非造作所成、非有为之法，此即已生、存有、造作所成、有为法的出离之道。"我们可以依此成立缘起五支如下：

1. 无明
2. 生死（已生者）
3. 有无（存有者）
4. 作者与受业者（造作所成者）
5. 有为与无为（有为者）

从正向积极的观点来看，智慧引领我们超脱生死，超脱有无之念；拥有身心、造作诸业且承受业果的独立自我，不复存在，也没有存在于彼此之外的诸行；在因缘制约的世界之外，并没有另一个缘生的有为世界，我们一旦深观有为法，即可通达无为法。简而言之，有许多描述缘起的方式可以帮助我们通达正见，其中尤以非直线性的呈现方式最好，可以显示每一缘起支如何同时与其他一切分支相链接。没有任何一支能够存在于其余诸支之前，举例来说：

【图五】依于妄心之缘起十支相互依存

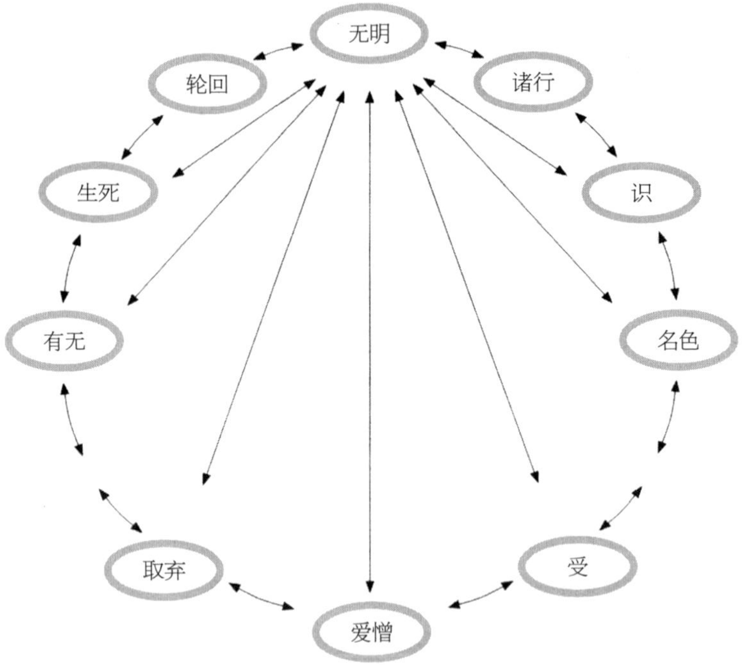

【表二】缘起十支：缘起之两面

依于妄心时	依于真心时
(一)无明(*avidya*)	明慧(*vidya*)
(二)诸行(*samskara*)	诸法相互相关性
(三)识(*vijñana*)	能知所知一如
(四)名色(*nama rupa*)	身心一如
(五)受	正念观受
(六)爱、憎	四无量心
(七)取、弃	解脱自在(*apranihita*，无愿)
(八)有、无	非有非无
(九)生、死	无生无死
(十)轮回	涅槃

上述缘起十支或五支最大的优点，是“有”、“无”列为同一支，“生”、“死”也合并为一支，这是因为只要生起“有”的念头，必然会有“无”的念头，而且当佛陀说“有”之时，总是连带意指“无”，例如佛陀在《迦旃延经》中说，正见是超越有无的见解。如果我们没有厘清这一点，人们会继续认为“有”是让我们遭受生、老、死的罪魁祸首。有、无都是我们头脑中的观念，并非客观现实，生、死也同样是观念，不是实相。超越这些观念，才能体证涅槃。

第十二章

接触心中的佛陀，佛心就在每个人心中

修行是去理解别人，并付出爱

1968年，我和一位柬埔寨佛教领袖摩诃果裟难陀（Samdech Maha Ghosananda）以及我的学生、朋友兼工作伙伴真空比丘尼，一同在印度。有好几天时间，我们一起坐在灵鹫山顶直到夕阳西下，当时我了解佛陀昔日也以同样的眼观看这同样的落日。然后，我们在静默中，正念地缓缓走下山。从那时起，我一直持续地以同样的方式走路。

灵鹫山很美，欧洲、亚洲、非洲、澳洲、南美洲与北美洲也很美。山间雾气弥漫时很美，云雾散尽时也很美，一年四季都美；你很美，你的朋友也一样美，世界上没有什么能阻挡你接触当下的生命。问题是，你是否有一双看得见落日的眼睛，以及一双碰触大地的脚？假设佛陀将他的双眼传给你，你知道如何运用这对佛眼吗？切莫认为只有在周遭环境的因缘圆满具足时才有可能快乐，其实快乐在你自己心中。只要花几秒钟修习正念的呼吸，你立刻就会快乐。孔子也说：“学而时习之，不亦乐乎?”

有时，我们觉得自己好像背负着古往今来一切社会的不公，即将溺毙于苦海之中。佛陀曾说：

> 当智者受苦时会自问：“我该怎么做，才能解脱此苦？谁能帮助我？到目前为止我做了什么，好让自己解脱此苦?”然而，愚人受苦时会自问：“是谁伤害了我？我要如何昭告世人我是受害者？我要如何惩罚让我受苦的人?”

为何别人也有同样的遭遇，却似乎不如我们这么痛苦？也许你愿意抄下智者所问的问题，每当深陷痛苦时，就拿出来读一读。

当然，你有权利痛苦，但身为一个修行者，你没有权利不修行。我们都需要获得理解与关爱，但修行不只是期望如此，而是要去理解别人并付出爱。当你觉得似乎无人爱你或理解你时，请别抱怨，要更加努力付出理解与慈爱。倘若有人曾经背叛你，要找出原因何在，如果你觉得责任都在别人身上，你得更深入地观察，或许你曾经浇灌对方内心的背叛种子，也可能是你的生活方式促使对方抽身而退。我们都得担负一部分责任，所以若你紧抱着责备的态度不放，情况只会变得更糟。

倘若你能学习如何灌溉对方心中的忠诚种子，它可能会成长而再度开花。深入地观察自己所受之苦的本质，知道什么该做或不该做，以恢复彼此原有的关系。运用念、定与慧，你将了解是什么在滋养着自己与对方。修习第一圣谛，辨识自己的苦；修习第二圣谛，看清苦的根源；修习第三、第四圣谛，找出转化苦与证得寂静之道。四圣谛与八圣道都不是理论，而是行动方式。

我们因寻找生命的意义而开始修行，我们知道自己不想追求名利或感官欲乐，因此学习正念生活的艺术。随着时间过去，我们慢慢增长某种程度的智慧与慈悲，也发现可运用这些力量来减轻自己与他人的苦，这就让我们的生命具有某些意义。

我们继续修习，深入地观察构成自我的五蕴[①]，进而触及自己与万物内在不生不灭的实相。这种体会让我们获得最大的解脱，除去自己心中所有的恐惧，享有真正的自在，并为我们的生命赋予了真正的意义。

共创安详、和谐的环境

我们需要有个地方，让自己能安静地坐禅、呼吸，并能深入地观察与倾听。当我们在家中遇到困难时，就需要这样的一个房间作为庇护所，或需要公园与其他安静之处，可单独或与他人一起行禅。无论是教育工作者、建筑师、艺术家、议员或商人，我们大家必须共同打造出一些可以修习安详、和谐、喜悦与深观的场所。

① 参见本书第三部第七章。

我们的校园中有太多暴力，家长、老师、学生需要通力合作来转化校园暴力。学校不只是传授专门技能的场所，还必须是孩童学习快乐、慈爱与智慧的地方，这需要老师以自身的洞见与快乐来帮助学生成长。医院中也要有空间，可以让病患、病患家属、医疗人员与其他人在其中静坐、呼吸，让自己平静下来。我们需要有专职人员的市政府，深入探察地方问题，还需要有能真正陈述实际问题的国会。如果你是教育家、家长、老师、建筑师、医疗人员、政治家或作家，请协助我们建立能促进共同觉醒的机构吧！

国会议员必须知道如何使自己平静，以便能与他人沟通良好。他们必须知道如何深入地倾听与观察，并以爱语交谈。如果我们选出不快乐的候选人，他们尚且无能力让家人快乐，我们又怎能期待他们能为城市或国家带来快乐？别只凭候选人的外貌或悦耳的声音，就把选票投给他(她)，我们正在把整个城市、国家的命运与自己的生命交付给这种人。我们必须负起责任，必须建立能够深入观察、分享与真正和谐的团体，也必须共同作出最佳的决策。我们需要内在的安详与外在的和平。

佛心就在每个人心中

佛心就在我们每个人心中，当我们保持正念时，佛陀就在其中。我认识一个四岁大的男孩，每当他心烦意乱时，就停下手边的事，正念地呼吸，然后告诉爸妈：“我正在接触自己心中的佛。”我们每天需要透过正念地呼吸、正念地行走，以及正念地处理生活一切大小事务，来浇灌自己心中的有益种子，并好好地照顾它们。我们需要接触自己心中的佛，进入自己内心，也就是进入佛心。进入佛心意味着要为自己、自己的苦乐与其他众人而活在当下，进入佛心也意味着触及不生不灭的世界，那个水与波浪一体的世界。

修行之初，我们随身带着自己的苦与习气，那不只是此生二三十年来的习气，而是所有祖先传下来的习气。透过修习正念的生活，我们养成新习惯，走路时，清楚自己正在走路；站立时，清楚自己正在站立；坐下时，清楚自己正坐着。以这种方式修习，我们就慢慢革除旧习，养成深入而快乐地安住于当下的新习惯。心中有正念，就能露出微笑，证明自己已经转变。

我们的殊胜共聚就已触及佛心。请以个人、家庭、城市、国家或全球社群为单位而修习，好好地照顾身边每个人的快乐，享受自己的呼吸、微笑，以及正念之光所照耀的手边任何一项工作。请深入地观察、接触，借此从根本上转变自己的身心。佛陀关于转变与治疗的教导非常深奥，但这些教导并非理论，而是天天都可以身体力行地修习。请修习、体证它们，我有信心，你一定可以办得到。

Chapter 4

第四部 基础经典：佛心的向导

老师无法将真理交给你，真理已在你心中，你只需自我开放，使老师的教导渗透你了知与觉悟的种子。我们需要接触自己心中的佛，进入自己内心，也就是进入佛心。

《转法轮经》

如是我闻。有次世尊住于波罗奈国(Varanasi)附近的仙人住处(Isipatana)鹿野苑中。那时世尊对五比丘说:

诸比丘!世上有两种极端比丘应当避免。是哪两种极端呢?

第一种极端是沉迷于由欲贪所生的欲乐,这种沉迷既下劣、卑贱、凡夫之所行、非圣贤,且毫无益处。第二种是沉迷于严苛的苦行,这种沉迷既下劣、卑贱、凡夫之所行、非圣贤,且毫无益处。如来不遵循这两种极端而证得中道,它引生见与知。此见与知是寂静、证智、等觉与涅槃之基。

诸比丘!什么是如来所证的中道,能生见与知,而为寂静、证智、等觉与涅槃之基呢?

此中道即八圣道,包括正见、正思维、正语、正业、正命、正精进、正念与正定。诸比丘!这是如来所证的中道,能生见与知,而为寂静、证智、等觉与涅槃之基。

诸比丘!此是苦圣谛:生是苦,老是苦,病是苦,死是苦，愁、悲、苦恼是苦，遇憎恶者是苦，与所爱者别离是苦，所求不得是苦。总之，执取五蕴为“我”即是苦。

诸比丘！此是苦集圣谛：苦的原因是贪于再生、乐于再生、随处执著于乐，即欲爱、有爱、无有爱[①]。

诸比丘！此是苦灭圣谛：完全无余地弃舍渴爱，它是舍离、放下、解脱、除灭贪爱。

诸比丘！此是苦灭道圣谛：即八圣道——正见、正思维、正语、正业、正命、正精进、正念与正定。

诸比丘！当我证得“此是苦圣谛”时，对此未曾听闻之事，心中生起见、知、观、智慧与光明。当我证得“应知苦圣谛”时，对此未曾听闻之事，心中生起见、知、观、智慧与光明。当我证得“已知苦圣谛”时，对此未曾听闻之事，心中生起见、知、观、智慧与光明。

当我证得“此是苦集圣谛”时，对此未曾听闻之事，心中生起见、知、观、智慧与光明。当我证得“应断苦因”时，对此未曾听闻之事，心中生起见、知、观、智慧与光明。当我证得“已断苦因”时，对此未曾听闻之事，心中生起见、知、观、智慧与光明。

当我证得“此是苦灭圣谛”时，对此未曾听闻之

---

① 欲爱是对感官欲望的强烈执取。有爱即对“有”(存在)的渴爱，以各种的盼望、想象来渴望生命的永恒，是推动生命轮回的力量，其合理化的形式表现是“常见”。无有爱即对“无有”(不存在)的渴爱，是对存在全然绝望的结果，这种渴爱的表现是“断见”。

事，心中生起见、知、观、智慧与光明。当我证得“应证苦灭”时，对此未曾听闻之事，心中生起见、知、观、智慧与光明。当我证得“已证苦灭”时，对此未曾听闻之事，心中生起见、知、观、智慧与光明。

当我证得“此是苦灭道圣谛”时，对此未曾听闻之事，心中生起见、知、观、智慧与光明。当我证得“应修习灭苦之道”时，对此未曾听闻之事，心中生起见、知、观、智慧与光明。当我证得“已修习灭苦之道”时，对此未曾听闻之事，心中生起见、知、观、智慧与光明。

只要我尚未证得四圣谛三转十二行相的如实知见，在天、魔、梵天、沙门、婆罗门与人的世界中，我就不能宣称有人已证得无上的正觉。诸比丘！只要证得四圣谛三转十二行相的如实知见，在天、魔、梵天、沙门、婆罗门与人的世界中，我就可以宣称有人已证得无上的正觉，已生起见与知，我心解脱无可动摇，这是我的最后一生，不复再生。

世尊如是说法后，五比丘满心欢喜。一听闻四圣谛，五比丘中的憍陈如（Kondañña）就对此教法生起清净无垢的法眼，他证得以“生”为本质的一切诸法，皆有“灭”的本质。

世尊如此转动法轮后，众地神[①]皆称颂：

① 地神是指一种不住在天上而住在地界的神，他们多数住在偏僻之处，如森林、山岳或塔寺等。

在波罗奈国附近的仙人住处鹿野苑中，无上的法轮已经启动，任何世界中的沙门、婆罗门、天、魔、梵天或任何人，都无法阻止此法轮的转动。

听到地神的赞叹，四大天王①也称颂：

在波罗奈国附近的仙人住处鹿野苑中，无上的法轮已经启动，任何世界中的沙门、婆罗门、天、魔、梵天或任何人，都无法阻止此法轮的转动。

听到四大天王的赞叹，三十三天②、夜摩天③、兜率天④、化乐天⑤、他化自在天⑥，以及随侍梵天之诸神也称颂：

在波罗奈国附近的仙人住处鹿野苑中，无上的法轮已经启动，任何世界中的沙门、婆罗门、天、魔、

① 四大天王：欲界六天的第一天，即东方持国天王、南方增长天王、西方广目天王、北方多闻天王。他们守护佛法与天下，令诸恶鬼神不得侵害众生。

② 三十三天：欲界六天的第二天。传说古时有三十三位为他人福祉而奉献生命的善男子，死后投生于天界，因而得名。

③ 夜摩天：欲界六天的第三天，生于此天界的诸天，身体轻盈洁净，互相亲爱，享受种种欢乐。

④ 兜率天：欲界六天的第四天，有内、外两院，兜率内院是即将成佛者的居处，今则为弥勒菩萨的净土；外院属欲界天，为天众的居所，享受欲乐。

⑤ 化乐天：欲界六天的第五天，此天自变化五尘，而自娱乐，因而得名。

⑥ 他化自在天：欲界六天的第六天，此天众生能于他所变化的欲境自在受乐，因而得名。

梵天或任何人，都无法阻止此法轮的转动。

在那一时、那一刻、那一刹那间，此赞叹上达梵天界，十千世界为之震动，此世界遍发无量广大的光明，其光明胜过诸天人的身光。

世尊因而赞叹说："憍陈如的确已了知法了！憍陈如的确已了知法了！"于是憍陈如得名"阿若憍陈如"（Aññāta Kondañña），意即"了知者憍陈如"。

《相应部》，第5册，第420页，
巴利圣典协会版（*Samyutta Nikaya* V，420）

《大四十经》

如是我闻。有次世尊住于舍卫城（Savatthi）附近祇陀林（Anathapindikarama）中的给孤独园（Jetavana）。当时世尊招呼诸比丘："诸比丘！"

诸比丘恭敬地回应："世尊！"

世尊说："诸比丘！我将教导圣正定，告诉你们圣正定之因及其助伴支分（因素）。当我讲述时，请全神贯注，仔细倾听。"

众比丘恭敬地回应："是，世尊！"

世尊说：

诸比丘！什么是庄严正定之因与助伴因素？即正见、正思维、正语、正业、正命、正精进、正念。当心一境性伴随这七种支分时，这就称为因与助伴支分具足所庄严的圣正定。

在以下的范例中，首先出现的是正见。为何正见首先出现？当邪见生起并了知它是邪见时，这就是正见；当正见生起并了知它是正见，这也是正见。什么是邪见？即认为布施、供养、法会供养是无益的；认为善、恶之行不会有果报；认为此世界不存在，其他世界也不存在；认为众生不从父母所生，也不从自然化生；认为没有沙门或婆罗门已圆满圣道，或行于正道，或已亲证殊胜的智慧，或已点燃我们认识此世界与他世界的智慧之光。

诸比丘！什么是正见？诸比丘！有两种正见：一种是诸漏（烦恼）未尽之正见，它虽能生起功德，却仍会导致执著。另一种是诸漏已尽之正见，它超越世间，且为圣道之要素。什么是诸漏未尽之正见？即赞成布施、供养、法会供养；认为善、恶之行有果报；认为此世界存在，他世界亦存在；认为众生既有父母所生，亦有自然化生；认为有沙门或婆罗门已圆满圣道，或行于正道，或已亲证殊胜的智慧，或已点燃我们认识此世界与他世界的智慧之光。

什么是诸漏已尽之正见？即智慧，慧为五根、五力之一，作为觉支即择法觉支，此为圣者、诸漏已尽者、已知圣道且行于圣道者所具足。诸比丘！此为正见，为圣人之道，诸漏已尽，超越世间，且为圣道之支分。

凡努力舍离邪见、树立正见者即具备正精进，借由正念而舍离邪见，安住正见者即具备正念。如是有三法随转于正见，即正见、正精进、正念。

在以下的范例中，首先出现的是正见。为何正见首先出现？当邪思维生起并了知它是邪思维，这就是正见；当正思维生起并了知它是正思维，这也是正见。什么是邪思维？即贪思维、嗔思维、害思维。

什么是正思维？诸比丘！有两种正思维：一种是诸漏未尽之正思维，它虽能生起功德却仍会导致执著。另一种是诸漏已尽之正思维，它超越世间，且为圣道的要素。什么是诸漏未尽之正思维？即无贪思维、无嗔思维、无害思维，它能生起功德，却仍会导致执著。

什么是诸漏已尽、超越世间，且为圣道要素的圣正思维？即思择、思维、专注、细专注、心之专精、语行，此为圣者、诸漏已尽者、已知圣道且行于圣道者所具足。诸比丘！此为正思维，为圣人之道，诸漏已尽，超越世间，且为圣道之支分。

凡努力舍离邪思维、树立正思维者即具备正精进，借由正念而舍离邪思维，安住正思维者即具备正念。如是有三法随转于正思维，即正见、正精进、正念。

在以下的范例中，首先出现的是正见。为何正见首先出现？当邪语生起并了知它是邪语，这就是正见；当正语生起并了知它是正语，这也是正见。什么是邪语？即妄语、两舌、恶口、绮语。

什么是正语？诸比丘！有两种正语：一种是诸漏未尽之正语，一种是诸漏已尽之圣正语。什么是诸漏未尽之正语？即不妄语、不两舌、不恶口、不绮语。

什么是诸漏已尽之正语？即抑止、断除、抗拒、远离四种邪语，此为圣者、诸漏已尽者、已知圣道且行于圣道者所具足。

在以下的范例中，首先出现的是正见。为何正见首先出现？当邪业生起并了知它是邪业，这就是正见；当正业生起并了知它是正业，这也是正见。什么是邪业？即杀生、偷盗、邪淫。

什么是正业？诸比丘！有两种正业：一种是诸漏未尽之正业，一种是诸漏已尽之圣正业。什么是诸漏未尽之正业？即不杀生、不偷盗、不邪淫。

什么是诸漏已尽之正业？即抑止、断除、抗拒、远离三种邪业，此为圣者、诸漏已尽者、已知圣道且行于圣道者所具足。

凡努力舍离邪业、树立正业者即具备正精进，借由正念而舍离邪业，安住正业者即具备正念。如是有三法随转于正思维，即正见、正精进、正念。

在以下的范例中，首先出现的是正见。为何正见首先出现？当邪命生起并了知它是邪命，这就是正见；当正命生起并了知它是正命，这也是正见。什么是邪命？即以伪善及模棱两可之言谋生、卜卦算命、诈欺贪财、意图利上滚利。

什么是正命？诸比丘！有两种正命：一种是诸漏未尽之正命，一种是诸漏已尽之圣正命。什么是诸漏未尽之正命？即圣弟子舍弃邪命、依正命而活。

什么是诸漏已尽之正命？即抑止、断除、抗拒、远离邪命，此为圣者、诸漏已尽者、已知圣道且行于圣道者所具足。

凡努力舍离邪命、树立正命者即具备正精进，借由正念而舍离邪命，安住正命者即具备正念。如是有三法随转于正思维，即正见、正精进、正念。

在以下的范例中，首先出现的是正见。为何正见首先出现？具备正见者生起正思维，具备正思维者生起正语，具备正语者生起正业，具备正业者生起正命，具备正命者生起正精进，具备正精进者生起正念，具备正念者生起正定，具备正定者生起正慧，具备正慧者生起正解脱。因此，诸比丘！有学人[①]之圣道有八支分，无学人之圣道有十支分。

在以下的范例中，首先出现的是正见。为何正见首先出现？具备正见者灭除邪见，亦灭除其余一切依邪见而生起之种种恶、不善法，而其余一切依正见而生起之善法，亦得以修持圆满。

具备正思维者灭除邪思维，亦灭除其余一切依邪思维而生起之种种恶、不善法，而其余一切依正思维

① “有学”即指证得四种道与果的前三种的圣者，共有七种，最初证得须陀洹道的圣者称为“见道”的圣者，其后六种称为“修道”的圣者。“无学”即指证得第四最高阿罗汉果的圣者，是已无可学的学尽者。

而生起之善法，亦得以修持圆满。

具备正语者灭除邪语，亦灭除其余一切依邪语而生起之种种恶、不善法，而其余一切依正语而生起之善法，亦得以修持圆满。

具备正业者灭除邪业，亦灭除其余一切依邪业而生起之种种恶、不善法，而其余一切依正业而生起之善法，亦得以修持圆满。

具备正命者灭除邪命，亦灭除其余一切依邪命而生起之种种恶、不善法，而其余一切依正命而生起之善法，亦得以修持圆满。

具备正精进者灭除邪精进，亦灭除其余一切依邪精进而生起之种种恶、不善法，而其余一切依正精进而生起之善法，亦得以修持圆满。

具备正念者灭除邪念，亦灭除其余一切依邪念而生起之种种恶、不善法，而其余一切依正念而生起之善法，亦得以修持圆满。

具备正定者灭除邪定，亦灭除其余一切依邪定而生起之种种恶、不善法，而其余一切依正定而生起之善法，亦得以修持圆满。

具备正慧者灭除邪慧，亦灭除其余一切依邪慧而生起之种种恶、不善法，而其余一切依正慧而生起之善法，亦得以修持圆满。

具备正解脱者灭除邪解脱，亦灭除其余一切依邪解脱而生起之种种恶、不善法，而其余一切依正解脱而生起之善法，亦得以修持圆满。

如是，诸比丘！助成善法有二十支分，助成不善法有二十支分。开示此大四十之法轮已启动，世间任何沙门、婆罗门、天、魔、梵天或任何人都无法阻止此法轮的转动。

《中部》第117经[1]

① 参见《圣道经》(《中阿含经》第189经,《大正藏》第1册，第735b页)。

《正见经》

如是我闻。有次世尊住于舍卫城附近祇陀林中的给孤独园。当时舍利弗尊者招呼众比丘，众比丘亦恭敬回应："善友舍利弗！"

舍利弗尊者对众比丘说："圣弟子如何修持正见——正直之见？如何对法具备不动摇的信心？如何达到正法？"

"善友舍利弗！我们长途跋涉来到您面前，很乐意学习您刚才这番话的含意。请您解说，我们听闻您的教导后将会谨记在心。"舍利弗回答：

那么，诸善友！请专心倾听我以下的解说。诸善友！当圣弟子明了不善与不善根，亦明了善与善根时，此圣弟子即具有正见——正直之见，对法具备不动摇的信心，且达到正法。

诸善友！杀生、偷盗、邪淫是不善，妄语、两舌、恶口、绮语是不善，贪欲、恶意、邪见是不善，而不善根是贪、嗔、痴。

不杀生、不偷盗、不邪淫是善，不妄语、不两舌、不恶口、不绮语是善，不贪、不嗔恚、修习正见是善，而善根是无贪、无嗔、无痴。

当圣弟子了知不善与不善根，亦了知善与善根时，即能完全转化贪随眠[①]，除去嗔随眠，断除我见随眠，能转化无明，令生起明(了知)，并就在今生此刻灭苦。

众比丘欢喜说道："说得好，善友!"他们又问："关于圣弟子如何修习正见等方面，是否还有其他的教导呢?"舍利弗回答：

诸善友！当圣弟子了知食、食之集、食之灭与灭食之道时，此圣弟子即具有正见。诸善友！有四种食支持已出生之有情与寻求再生之有情，此四者为或粗或细之抟食、触食、思食、识食。贪生起之处，食亦生起；贪灭时，食亦灭。灭食之道即八圣道。当圣弟子如是了知时，即能完全转化这些随眠。

另有一种关于正见的教导：当圣弟子了知苦、苦之集、苦之灭与灭苦之道时，此圣弟子即具有正见。生、老、病、死、忧、悲、苦、愁、恼是苦，所求不得是苦，总而言之，执取五蕴即是苦。苦之集是由于对再生的渴爱，伴随这种渴爱的是到处享受、执著各种欲乐，即欲爱、有爱、无有爱。苦之灭是灭贪爱，灭妄想，舍弃、放下、解脱、不住于贪爱的对象。灭苦之道即八圣道。

另有一种关于正见的教导：当圣弟子了知老死、

① "随眠"即指烦恼，它是潜伏于意识流中的微细烦恼，遇境即起。

老死之集、老死之灭与灭老死之道时，此圣弟子即具有正见。老，是众生界中众生的衰老，包括齿牙脱落、鸡皮鹤发、气力衰落、感官退化。死，是众生从各个众生界消逝、投生其他生界、色身分体、消失、死亡、寿命终结、五蕴坏散，色身委地。生生起之处，老死亦生起；生灭，老死亦灭。灭老死之道即八圣道。

另有一种关于正见的教导：当圣弟子了知生、生之集、生之灭与灭生之道时，此圣弟子即具有正见。生，是众生界中众生的出生、出现、再生、五蕴显现、具备感官与感官对象。有生起之处，生亦生起；有灭，生亦灭。灭生之道即八圣道。

另有一种关于正见的教导：当圣弟子了知有、有之集、有之灭与灭有之道时，此圣弟子即具有正见。有三种有：欲界有、色界有、无色界有。取生起之处，有亦生起；取灭，有亦灭。灭有之道即八圣道。

另有一种关于正见的教导：当圣弟子了知取、取之集、取之灭与灭取之道时，此圣弟子即具有正见。有四种取：欲取、见取、戒禁取、我语取[①]。爱生起之处，取亦生起；爱灭，取亦灭。取灭之道即八圣道。

另有一种关于正见的教导：当圣弟子了知爱、爱之集、爱之灭与灭爱之道时，此圣弟子即具有正见。有六种爱：色爱、声爱、香爱、味爱、触爱、法爱。

① “欲取”是指执取感官之欲，“见取”是指执取见解，“戒禁取”是指执取戒律与仪轨，“我语取”是指执取有独立之自我的信念。

受生起之处，爱亦生起；受灭，爱亦灭。灭爱之道即八圣道。

另有一种关于正见的教导：当圣弟子了知受、受之集、受之灭与灭受之道时，此圣弟子即具有正见。有六种受：眼触所生受、耳触所生受、鼻触所生受、舌触所生受、身触所生受、意触所生受。触生起之处，受亦生起；触灭，受亦灭。灭受之道即八圣道。

另有一种关于正见的教导：当圣弟子了知触、触之集、触之灭与灭触之道时，此圣弟子即具有正见。有六种触：眼触、耳触、鼻触、舌触、身触、意触。六入及其对象生起处，触亦生起；六入及其对象灭，触亦灭。灭触之道即八圣道。

另有一种关于正见的教导：当圣弟子了知六入、六入之集、六入之灭与灭六入之道时，此圣弟子即具有正见。六入即眼、耳、鼻、舌、身、意。名色生起处，六入亦生起；名色灭，六入亦灭。六入灭之道即八圣道。

另有一种关于正见的教导：当圣弟子了知名色、名色之集、名色之灭与灭名色之道时，此圣弟子即具有正见。名包括受、想、思、触与作意，色包括四大种与四大种所造色[①]。识生起处，名色亦生起；识灭，

① “四大种”是指地、水、火、风，它们是色法不可分离的主要元素，在它们的组合下，造成了小至微粒子，大至山岳的一切物质。“四大种所造色”是指源自或依赖四大种而生起的色法，共有二十四种，如眼净色、男（女）根色等。

名色亦灭。灭名色之道即八圣道。

另有一种关于正见的教导：当圣弟子了知识、识之集、识之灭与灭识之道时，此圣弟子即具有正见。有六种识：眼识、耳识、鼻识、舌识、身识、意识。行生起处，识亦生起；行灭，识亦灭。灭识之道即八圣道。

另有一种关于正见的教导：当圣弟子了知行、行之集、行之灭与灭行之道时，此圣弟子即具有正见。有三种行：身行、语行、意行。无明生起处，行亦生起；无明灭，行亦灭。灭行之道即八圣道。

另有一种关于正见的教导：当圣弟子了知无明、无明之集、无明之灭与灭无明之道时，此圣弟子即具有正见。无明，即无法辨别苦、苦之集、苦之灭与灭苦之道。漏（烦恼）生起处，无明亦生起；漏灭，无明亦灭。无明灭之道即八圣道。

另有一种关于正见的教导：当圣弟子了知漏、漏之集、漏之灭与灭漏之道时，此圣弟子即具有正见。有三种漏：欲漏、有漏、无明漏①。无明生起处，三漏亦生起；无明灭，三漏亦灭。灭漏之道即八圣道。

《中部》第 9 经

① “欲漏”是指感官欲望之烦恼，“有漏”是指渴望存在之烦恼，“无明漏”是指无知之烦恼。